[建築家の住宅論]

鈴木 恂

鈴木 恂

鹿島出版会

はじめに

夢に見た家についての物語めいた話は、誰にでもあることである。広さも、大きさも、間取りも、場所さえもわからないまま、歩き回った夢の中の家は、しょせんはすぐに忘れ去るものだが、それでも意外にしつこくつきまとう部分があって、それが時として家の記憶への糸口を潜めていたりする。記憶の情景はまちまちで、ぞっとするほど長い廊下であったり、見たこともない階段の隅であったりする。その場が明確な場所でなくても、人のひそひそ話、笑い声や嬌声など、そこに人の気配が残されていたりするのである。個人差があるだろうが、私の場合は明るさや暗さとして、場所の断片を記憶していることが多い。そんな断片的な場面も込みで、夢に見た家が物語られるとすれば、およそすべての人が経験ずみのことだということになるのであろう。「誰にでもある」と言ったのは、そのような意味からである。

ここで原体験や心象風景、そして深層心理を持ち出すまでもあるまい。ただそれがどこからやってきたものかを考えてみることで、自分の内にある何ものかが、その家の形や情景にしっかりと結びつけられていることに繰り返し驚くのである。そしてそれを組み立てている現実の生活と、それを夢見ずにはいられない気持ちとの不思議なかかわりによって、とてつもなく深いところで紡がれてきたことを再確認するのである。

よくいわれるように、子供は無心で積み木や木片で家をつくり、家を描き、窓辺や庭を飾ることができる。家の夢はそうして鍛えられ、紡がれてきたのであろう。想像力などという以前の出来事として、こうあってほしいという願いのモザイクが、夢というかたちで知らず知らずのうちに築かれてきたのである。

繰り返して言うが、そのようなことは一般的に誰でもがもっているもので、建築家に特有なことではない。なぜなら私は建築家になるずっと以前からこの類の夢を見ていた記憶があり、建築家になったいまも同じような夢を見るのである。夢に見る家には、技術的な進歩などは関係がない。または、経済的なファクターが消されていることで、まさにリアリティがないのである。

では、現実的に家を建てることと、夢に見た家との関係はどうなっているのであろうか。生きていること、つまり住むことが、こう生活をしたいものだと願うこと、こんな所に住みたいという希望とどこかで通底している。そうであるとすれば、そのつながりをたぐってみたいものである。一人ひとりに潜む夢の家は、ダイレクトに現実とつながることはないが、また全く浮遊しているのでもないだろう。なぜなら、それらの夢は現実に向かって根を生やしているからである。現実の家は情熱や衝動なくしてつくれないが、夢に見た家の断片は、その情熱や衝動の核になって、育っていくのである。こうして家を建てるという現実の行動は、夢の核をもつことで潜在力を高め、一方で家を建てるという行為をますます混沌としたところから出発させることにはなるが、その力強い始動力にもなるのである。

住宅を設計していると、これほど理想と現実の間を往来する職能はほかにないと思う。山ほどの現実的な話題の延長に、確かに建築家と住み手の夢が交錯するときがある。そんなとき、住宅というリアリティは、夢の存在を弾みにして生成していくのが実感されるのだ。むろん建築家は建築家である。しかし、それ以前に、夢の共有者であって不思議はないのである。

二〇〇〇年一月

鈴木　恂

建築家の住宅論　鈴木 恂——目次

建築写真撮影・鈴木悠
装幀・道吉剛＋稲葉克彦
ポートレート撮影（カバー袖および二頁）・馬場祥光

住宅論

住むことは建てること

空洞の存在感

住宅に込めた思いが、多ければ多いほどよいと思う。どんな住宅でも、よい住宅といわれる住宅は、込められた思いで満ちている。反対に何もない住宅は、つまらぬものである。思いが込められるということは、その思いをいたす人がいるということである。そして一方で、それが誰の思いであろうが、思いを込めるだけの広さをもつ場が構想されるということである。込めるための場は、思いの多くを受け止める空洞の存在を予感させる。

建築家は思いをいたすために生まれた職能であってみれば、それが建築家に限ることはできないにせよ、ひとまず建築家の思いが、その出発点で表現力をもたねばならない。建築家にとっては、思いを得るのが設計の仕事始めであり、サイズは違っても、それがそれ以後の設計という行為のすべての過程にかかわると自覚せねばならない。

しかしこの段階でよく見てみると、それは建築家が主として表面的にふるまっているのであって、思いの質量は、実は五〇%が依頼主、つまり住み手のものであり、五〇%が建築家、つまり設計者のそれと考えたほうがよさそうなのである。そのバランスは、設計過程をつぶさに見れば推察することができる。比率は結果的には変動するのであろうが、このあたりに建築家が住み手の思いを、現実の場に引き出す役割の大きなヤマ場があると考えざるをえない。いずれにせよ、比率は目安であって、双方の思いでいかに空洞の一〇〇%を満たしていくかということが大切なことなのである。

思いによって膨らむ空洞とは、雑多な思いで満ちているに違いない。くだらぬ思いもあろうし、機能的な物で理屈っぽく積み込まれているように見える場合でも、機能や合理の思いのみで満ちているわけではなかろう。この段階で、多分内容の整理などはすべきではなく、空洞のイメージにせっせと双方の思いを重ねるだけで十分な仕事なのである。

それはとりもなおさず、建てることと住むことにかかわるあらゆること、生きること、生活することのさまざまが、空洞のイメージに結ばれていくことを意味する。空洞に力を与えるものは、そうした自由なる思いの堆積であり、しかるに、そこは思いのカオスであってよい。空洞に生まれる原初的な生命力とは、そのような過程をもって生まれるのである。そのイメージがどこか脆いところがあっても、この段階で、空洞を崩壊させてはいけないというのが私の考えである。

住宅設計に関して、この空洞イメージは、具体的に空間の容量の確保ということを意味する場合がある。簡単に言えば、家についての空洞のイメージは、大きいほうが有利に思える——それを雑多で矛盾する思いも包み込む空洞の存在と感じられるほどに。このようにしか住めないというのではなく、またやたらに余裕があるというのでもなく、そこはまさに、祖形としての空洞の存在感こそが必要な段階なのである。そのあたりから設計がはじまり、そこから空間と呼ぶべき住宅のフレームがつくられはじめる。その空洞のイメージの中に、まず建築家と住み手は共に住むことになる。その空洞の存在感を共有することから、住むことと建てることは同時にはじまるのである。

誇り高き居場所

住宅は、巣のようだといわれたり、城のようだ、隠れ家のようだといわれる。確かに社会の中でもつ住宅の役目は、そんなようなものにたとえられよう。そこで語られる一つの真理は、どんな小さな家でも、「家」としての価値をもつということだ。

しかし、もう少し内側から見ると、家の原点は、自分の居場所を定めるところにあると言えないだろうか。他人の居場所ではなく、自分の居場所である。建築家が家を設計するとは、そのような居場所を拡大して絵にすることであり、居場所を住み手と共に探そうということである。居場所というと、格式が決めた堅固な場を想像したり、使い勝手はあと回しの場所のように聞こえるが、そうではない。利用の仕方や機能性も含めて、住み手が思いをいたし、設計者がそれを感得し、そして主張し、そこに力を与えうるような、そんな空間の在りようを言うのである。そう、空洞の内に生成する全居場所の塊が家なのである。

当然住み手は一人ではない。私の居る場所は妻の居る場所とは完全に一緒であるはずはない。子供の居場所にいたっては、夫婦の居場所に重なる領域すら少ないはずである。したがって、この問いかけは、自分と家族の根本的な問いかけに向かうであろう。それは人生観や世界観に至って、家族の居場所の確認に発展する。建築設計では、そうした居場所の問題をフィジカルに、領域構成の基本作業としてプライベートとパブリックスペースに分けて説明したりもするが、しかし実は、その重なる領域こそが居場所値の高い部分なのだ。居場所は個人的にも家族的空間にもまたがって人間と場のかかわりの基盤を固めていく。

ここで重要なのは、自分の場所を再意識すること、自分が誇れる空間を家の内に構築することである。自分が一番よくわかる領域、頭に描ける場所こそは居場所の芯になる。

誇りをもって「ここは自分の居場所だ」と言える所はあるか、居場所の確認にもっとこだわらねばならない。建築家はその作業を昂揚させるために、よりインセンティブな挑戦と説得を繰り返すべきなのである。設計者の構想力は最終的に、住み手の一人ひとりの居場所を空間をもって主張すること、家の隅々へ神経を行き届かせるためにも、一人ひとりの居場所の個性を認めることである。

居心地の問題

家は常に居心地の難問に直面する。居心地は共通の感覚ではなく、また時と場合によって変わるから、なおさらやっかいである。設計者の居心地と、住み手のそれが最初から同じなどということはない。居心地の観念も違うのだから、居心地を要求されて、ただつじつまを合わせて調整しようとしても決してうまくはいかない。居場所が定まれば居心地の問題は、多少解読しやすくなるのは間違いない。もちろん、居心地の尺度のみでは決して家は建つことはない。それは利便性だけでは家が建たないのと同じである。とすれば、一つずつ興味のあるテーマから当たって砕けることになろう。そう、時には設計過程に居座ろうとする居心地の問題を、距離をおいて見るくらいの客観性と、突き放した眼力が必要になる。

なぜ吹抜けなのか

吹抜けなどない住宅も多いし、吹抜けが邪魔な場合もある。居心地の面から見て、吹抜けの成功例はそれほど多くはないはずだ。住宅において吹抜けは、冬の寒さによって常に否定的に扱われるのは致し方ないとして、やたらに空間を動かしすぎるところがあるし、スケールが合わない大げさな身振りの空間になる場合も多い。ただし、吹抜けという空間にしかつくれない居心地がある。高さへの畏れ、深さへの憧憬、そして視覚化される物や空間の関係に、非日常性やドラマ性が映るといった居心地は、絶対に吹抜けのものである。この空洞の原型にふれるような凄みのある表現力を力ずくで組み伏せることができれば、このテーマ一つで家の空間を支えることもできる。

なぜしっかりした壁なのか

例えば居間という曖昧な役割をもつ空間を考えるとき、いかに壁の量が大切かは、誰でもおおよそ見当はつく。身辺に置くものが多くなると壁のありがたさがひとしおだ。ただし壁の量とは、長さなのかまたは高さなのか、その配置によって、かかわる空間は全く変わってくる。黙っておけば、壁は囲む方向か、空間の溜まりをつくるような方向に働く。

私の設計した住宅の場合、それを徹底したのは、「箱の家」シリーズの住宅だが、そこでの主張は、壁の閉鎖性を利用して空間を凝縮し、その反発力で開放への指向を的確に捉えようとすることであった。その方法でいくと、箱の中身は四周の壁の扱いによって、容易に居心地に馴染ませることができる。そこまで徹底しないにせよ、住宅には頼りになる壁が重くならず、しかも静かに建っていてほしい場合が多い。そうして空間に落ち着きをもたらすように壁を配置していくとき、壁のうまい配置によって、真の明かりが欲求され、家の奥深さが生まれるのである。

なぜ光と闇なのか

要は空間に自然をどのように取り入れるかというテーマに帰着する。空間という言葉は説明するのは難しいわりに、育てることができる言葉である。したがって乱用される心配があるが生かせる言葉なのである。そして空間をつくっている組成が、光と闇であると感づくことができれば、漠とした空間が少し身近になってくるだろう。光や影はこの身近さによって、居心地の質を備えるのである。

例えば、トップライトは自然を捉える画期的な方法である。それは五〇〇〇年の歴史をもつ光の技術の代表格だ。ただし、このような歴史的に鍛練された方法をもったとしても、無垢の光が建物に進入し、住み手の身近に降りて来なければ、居心地に結びつくことはない。つまり、光や影に鋭敏になる身体性が約束されて、関係は成り立つのである。

これだけは建築家だけが感じ入っていても仕方がない。そのために住宅では思い切って明

初期の作品による集合住宅のモンタージュ（上からＪＯＨ、ＫＡＨ、ＧＡＨ）
家は大地に建つ。しかし、家は敷地と対決し、格闘する。敷地は現実に包囲されても、しかし、大地は家と街をつなげていく。住宅の内に埋められた大地のイメージは、時として、型破りな夢を描かせてくれる。それは集まって住むための風景だ。

暗を極端に対置させてみたり、優しく分散してみたり、さまざまなかたちを試すのである。本来の陰翳礼讃は、そこからはじまる深い世界であるように思うからだ。

なぜ隅にこだわるのか

居場所を設定するのに個室や区画がいるのではない。間仕切を設けて個室をつくることより、見えない区画を得ることのほうが難しい。空間のセンターをデザインするのはやさしいが、空間の端っこを抑えるのは難しいのである。空間の境界に沿って、流れや淀みを起こして、そこにコーナーを浮上させる。隅の形をつくるのではなく、空洞にコーナーを生み出させるように仕向けるのである。何もせずに無数の隅を発生させたいのである。要は人の動きを仮想し、空間に質量を認め、隅という空間の断片に意味を生む力をつけていくことである。

コーナーが生きていれば、居場所を構えやすく、居心地の空間を捉えることも簡単になるだろう。隅が生きれば空間に張りがみなぎる。そうすれば、ありきたりの椅子、白熱球のスタンド、一枚のお気に入りの絵があるだけで空間はピンとしてくる。そして、融通無碍なる日本的な空間のすごさとは、隅の扱いの抜群の上手さに反映されていることに気づくのである。空間というものは、こちらの隅っこをいじれば、あちらが突き出たりするものだ。そんな隅っこの鋭敏な反応が、家に張りをもたせるのである。細部に神が宿るというときの細部は、そこに顕現される。

なぜ長い食卓なのか

居間は消極的な意味で見直されるが、食事の場は積極的に見直されるべきである。現代住宅の中で、食事こそは最も祝祭的な生活場面だ。出会いの場、会話をする場、団欒の場、これまで居間の説明に付されたものすべては、食事の場に譲ってもよい。住宅の中で最も高度な仕掛けの集中する所はここであり、家の魅力を発明できる源泉のような場である。もちろんそこは、厨房と食堂の関係、作業的、機能的な空間が幾重にも要求され、しかも家の変化の中で常に最先端を切る場所でもある。人は本当にどんな所で、誰と飯を食いたいのか、そこに求める居心地とはどのようなものかを考えてみるべきであろう。

この複雑な役割の空間にあって、大切なのはただ一つ長いテーブルがあればよいと思うときがある。そのために住み手にできるだけ長いテーブルを選んでもらうことがある。居間や食堂は一つの機能に対してあるものではなく、複数のことが同時に進行する空間なのである。長い食卓は、この同時に居間で起きる出来事のステージのようなものであり、だから居間という居場所の象徴ともなりうるのである。

この食卓の周辺から、物の原寸の役割が見えてきて、食事の空間を語る場ができる。そう、居心地の探求とは、人の姿を原寸で捉えることなのである。

家の時間

空間について述べてきたが、ここで家の時間について考えてみる。住宅は住むことによってなおつくられているとすると、その創造の持続がその家のもつ固有の時間となるのであろう。もちろん、家は永久に保たれるはずはないが、少なくとも人間の一生には付き合わねばならない。そのようなサイクルの人間的時間をもつ。独立住宅を設計するのであるから、住み手の変化がどれほどのものであろうと、どんな事情があっても、住み続ける覚悟が必要である。つまり、家は予測される家族のどのような変化も受け止めていかねばならないということだ。増築改築の予測、ライフスタイルの予測、年をとる予測。物としての家は、住み手が維持管理しなければ、当然に老け込みやすくなるのであるから、基本的には、家のもつそのような時間には、正面から向き合わねばならない。

子供の誕生や成長があり、結婚や引退や死がある。そんな大きな出来事でなくとも、趣味の変化や車の買い替えでさえも、家の存在に響くのである。そのときも家は家であらねばならず、家は家として堂々と残らねばならない。

この本に収録した住宅のすべては、何らかのかたちで増改築している。時間的には、建ててから五〜六年で第一次増改築期がやってくる。その次は一〇〜一二年くらいだろう。建築のメンテナンスも必要な頃である。そして二〇年になると大きな増築と改築期が来る。その最も大きな要因は子供である。子供の生物的な変化は、住宅空間の物理的変化となる。子供室、個室、収納はもちろんのこと、便所、風呂、趣味室、ＴＶやピアノの防音、車庫のサイズまで、あらゆる所にいろいろな変化が現れる。そして学校、就職、結婚、育児と年齢的な変化がそこに重なるのである。こうした住むことの絶対的な変化を、住宅は受け止めなければならない。住宅が、子供の成長はともかく、流行や趣味に左右されるのは情けないことだが、それだからこそ住宅のもつ空間の強靭さが望まれるのである。そして、その強さこそ、建築家が下ごしらえはしても、核心のところで住み手が家のためにつくり続けなければならない力なのである。

建築が根本的にもつ変化は、何よりも内側からの要請であって、外的要因はそれほど多くはない。家の根の部分がはっきりしていれば、家そのものが住み手によって成長するだろう。空間で見落としてきたことを、時間で繕うことも可能だ。家に空洞が必要なのは、その時間が家の根に働きかけるからである。

設計者が住み手と同じ立場に並ぶと感じるときが幾度もある。完成してからしばらくぶりに住宅を訪ねると、生活の変化に面食らいながらも空間の光彩にふれて「ああ創りつつある」と感動するときもそのひとつだ。そんなとき住むという行為が、住宅の初源の空洞を、空間につくり続けてきた長い営みを想起せざるをえない。家を保たせるには、手をかけることと以外にない。それも住み手の手を入れることが最初である。手をかけ、心をかけることが、その時間の内容だ。

このような持続的な創造が、ゆっくりと住宅の中を貫くことになったのはなぜか。住み手の力によってつくられていく空間とは何か。その空間を育む時間とは何か。設計者が仕掛けるもの、原型と呼ばれる空間は、そんな伝わりゆく空間であってほしい。こうして、住むことは建てることに連環していくのである。

解題

この住宅は・・である。

住宅の解題に付した文章は、〈この住宅〉を竣工して雑誌などに発表したときの設計要旨からの抜粋である。原則的に、竣工した直後に発表したときの文章を掲載した。説明不足の部分はその後に記した解説を合成したり、切り貼りして整えている。

それは、設計者がそのとき〈この住宅〉について真っ先に語ろうとした言葉であり、設計者の考えが滲み出ているものであると考えたからである。建築家が住宅を完成させたとき、小さな家であっても〈この住宅〉を客観的に眺める余裕はまだない。設計上で考えてきたことと、現前した空間との間はまだぎしぎしときしみながら渾然としていて、相対化して評価を下せる場合ではない。しかし、つくったという充実感は、どこかで設計に決着をつけようとして、解題文を〈である〉と言い切って終わりたいのである。それが本書で、当初の説明文にこだわったゆえんである。

● 解題 01 ●

JOH6504

東京都

図❶　配置
図❷　２階平面
図❸　１階平面

この住宅は、個室、広間、サービス部分のほかに中間居室としてのスペースをもつ。中間居室は幅の広い回廊と回廊アルコーブ、および四五度傾いた天窓などからなり、この住宅の形を特徴づけている。

個室やサービスが並ぶ二層のL型平面とL型に抱かれた一層の広間は、平面的な分離のみでなく構造的にも明確に分かれている。中間居室として捉えた空間がその二つをつなぐのである。

中間居室の空間の主要素は光である。ここで四五度の大きな天窓によって異なる機能が束ねられる。だから中間居室でふたたび屋外を感ずることができる。また伝統的日本家屋の縁側の陽だまりを感ずることもできる。

屋上に設けられた壁のある日光浴室（ソラリウム）は天に向かった中庭である。二階の個室から中間居室を経て、直接屋上のソラリウムに出ることもできる。二層のL型平面と一層の広間とは高低差があり、天井の高さを異にしている。それは生活する人が常に多様な光を感じられるよう、視角によって定められた高さの変化であり、高低差による平面的な秩序に空間的なリズムを与えるためである。

壁梁の使用や、斜壁、ソラリウムの囲壁など、壁面の手法も同様な理由によって高低を決めている。

コンクリート打放しはしっかりと堅く空間を構えている。一方、内装に多用したラワン材は、柔らかに生活を包んでいる。

JOH6504

図❶

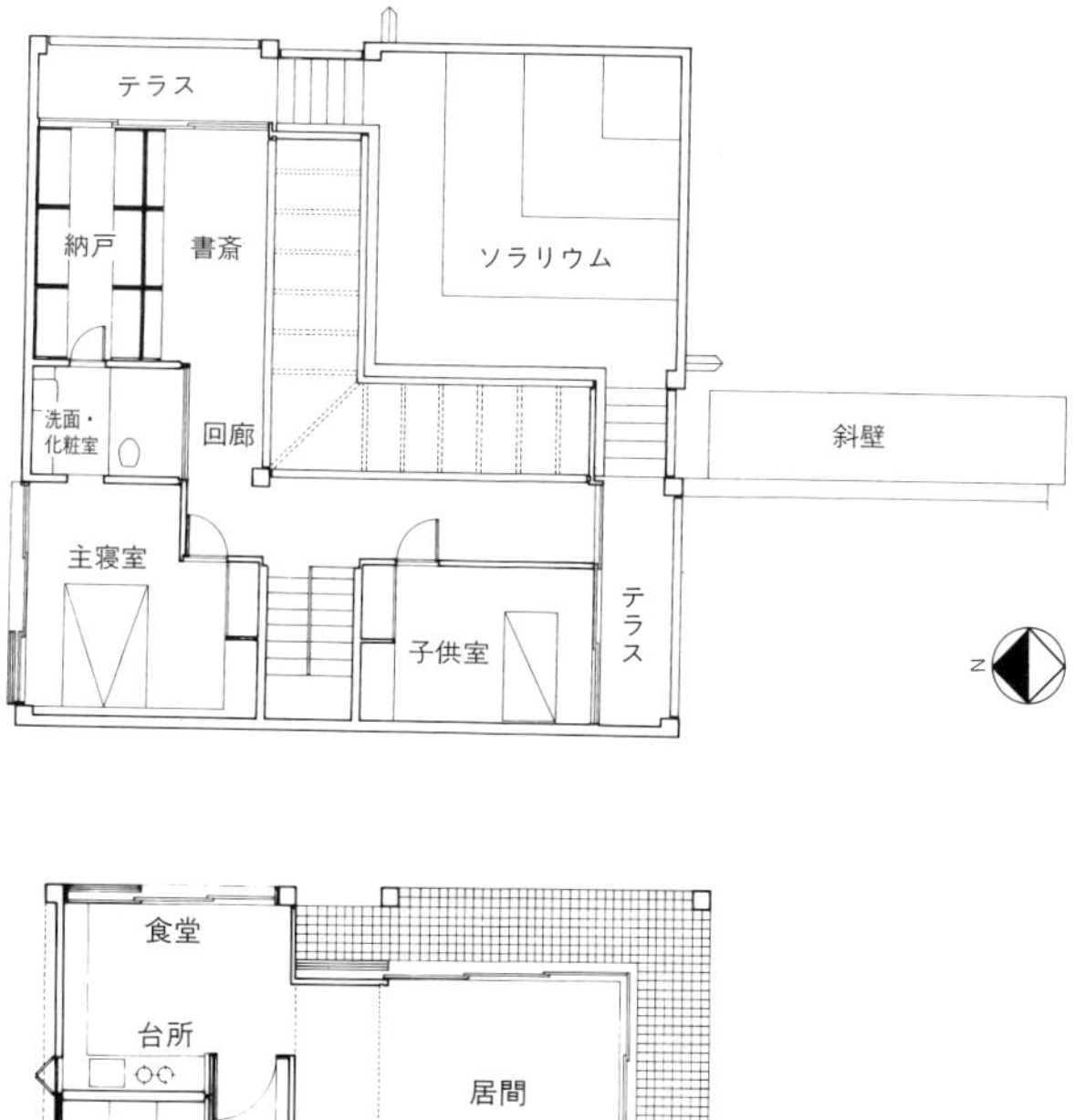

図❷

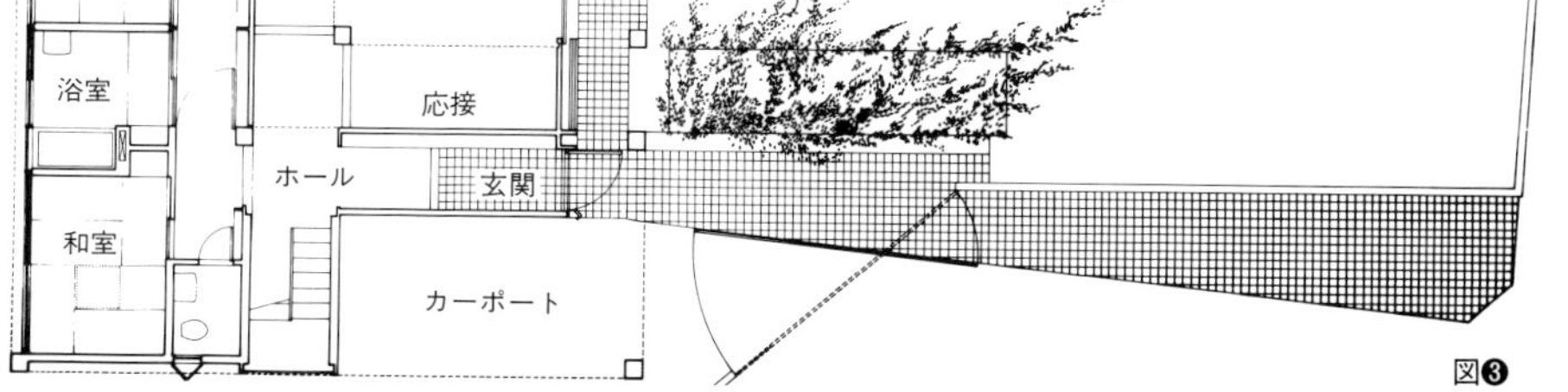

図❸

26頁
写真❷　居間に落ちる光
27頁
写真❸　南側外観
量塊的でありながら，庭と住宅内部は開放的に結ばれている。
図❺　断面

図❹　アクソメ
写真❶　アプローチから見る　斜めのモティーフは繰り返される。庭の斜めの壁から天窓の角度まで。２つの架構体を結ぶ中間居室に集中的に表現される形の秩序として。

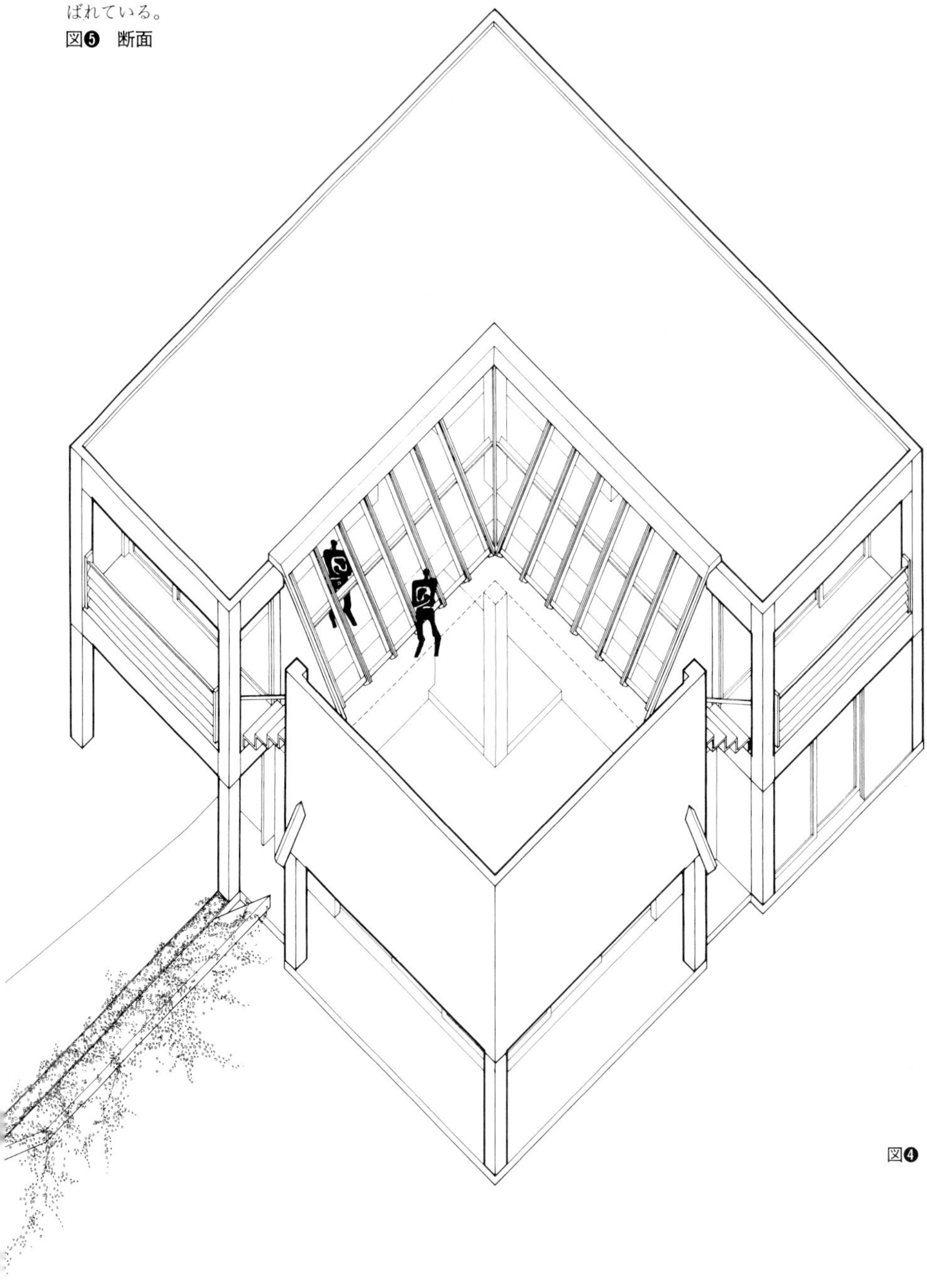

図❹

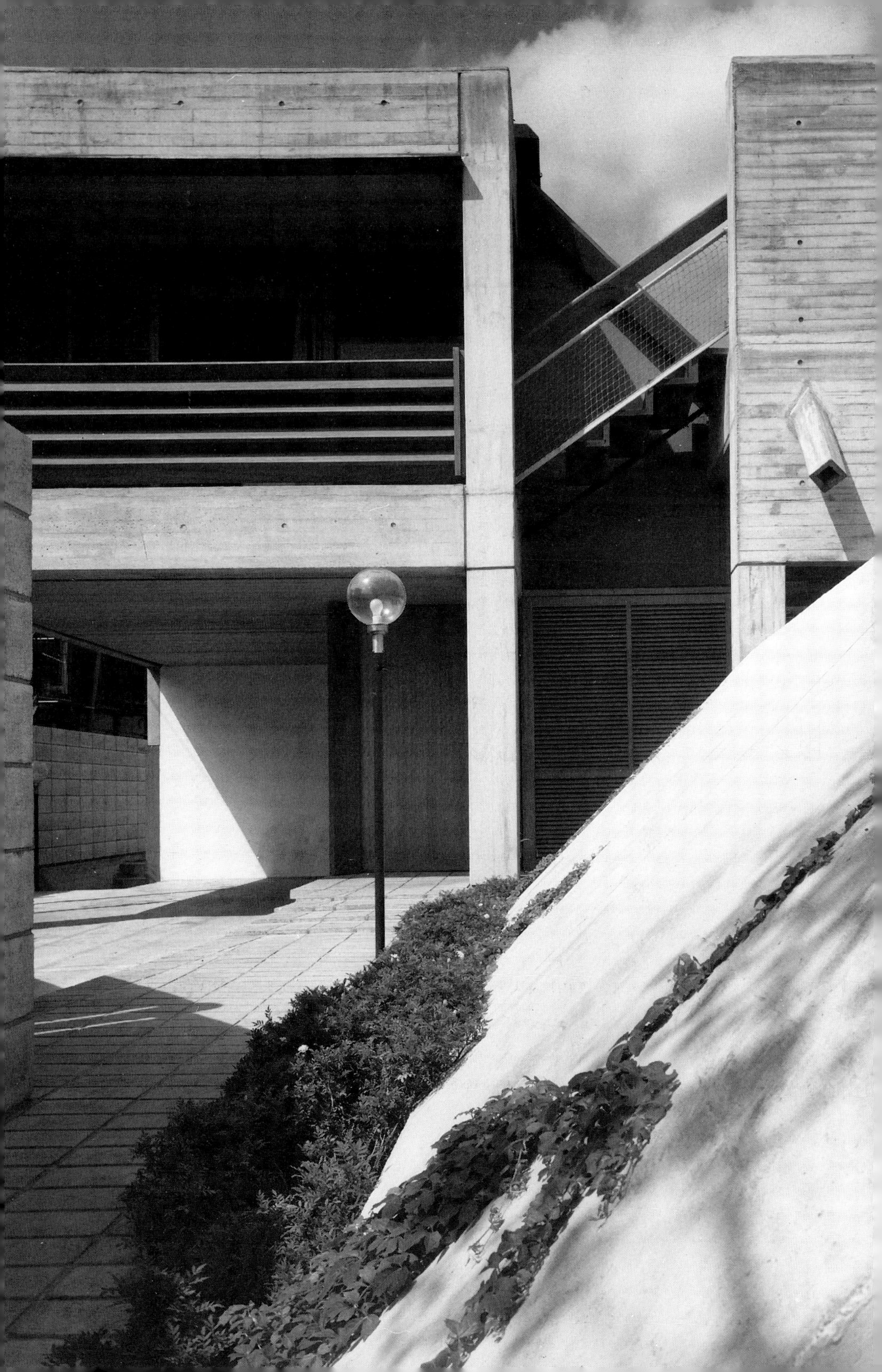

写真❷

写真❸

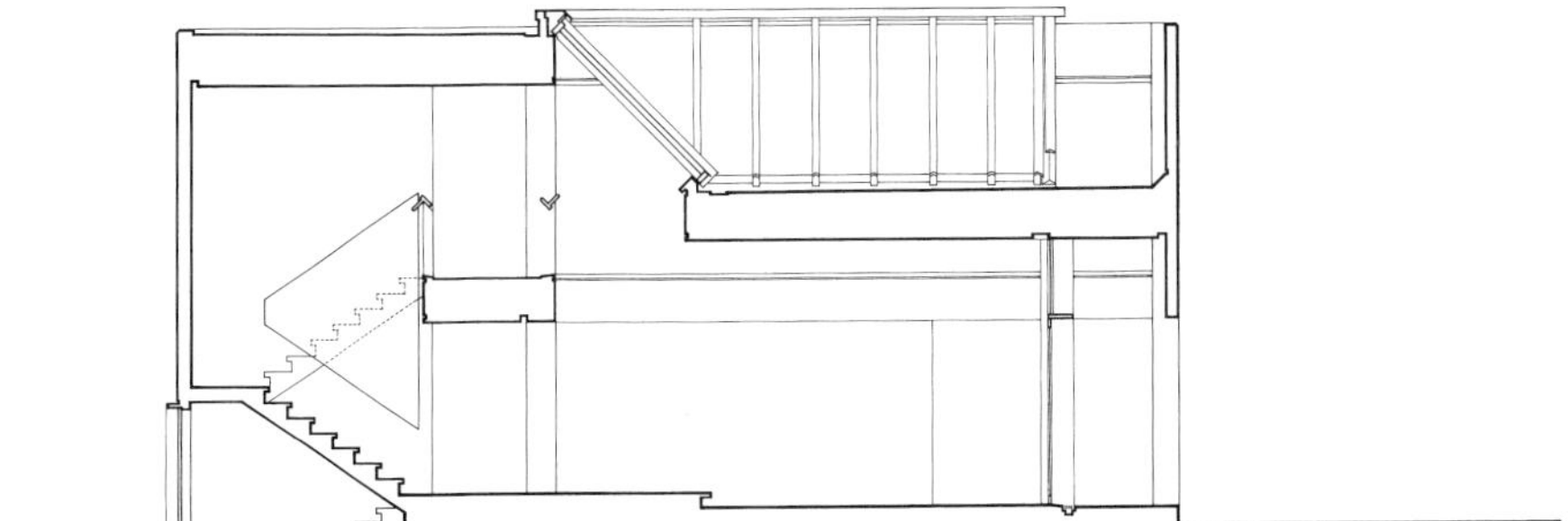

図❺

写真❹

写真❺

写真❹　ソラリウムは天窓の灯に照らされる
写真❺　２階回廊から書斎コーナーを見る
屋上ソラリウムには，建築後15年目に主人の書斎が建てられた。そこで，２階回廊に面したこの書斎の裏はクロゼットに変えられた。

写真❻　回廊から天窓を見る
ソラリウムに受けた光線が，天窓を通して回廊に拡散する。
写真❼　現在の居間風景
斜めの天窓から入る光はいまも昔も変わらない。ただ，中間居室として捉えられた場所は，生活とともに目まぐるしく変わっていく。家具はそれぞれコーナーをつくる。

写真❻

写真❼

写真❶　居間の中に子供室が浮かぶ

図❶　２階平面
図❷　１階平面

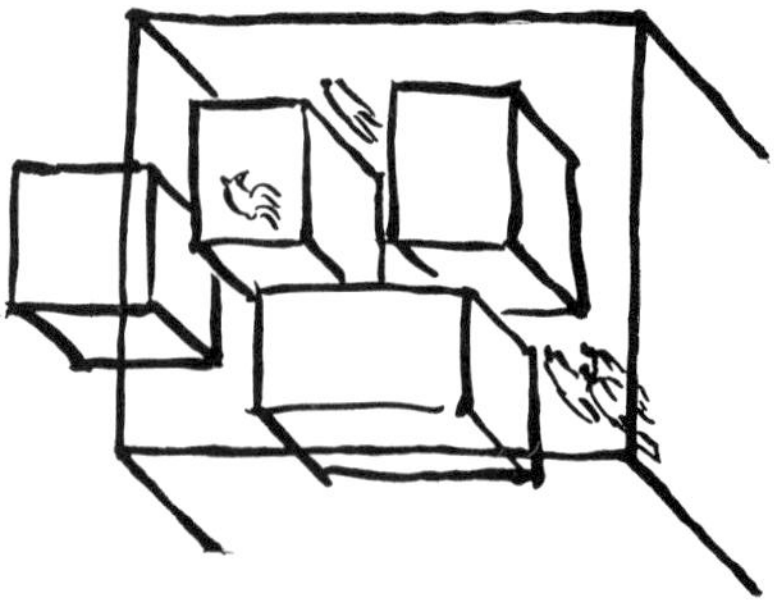

解題 02

ＹＡＨ６９１２

兵庫県

この住宅は、姫路城を遠望する小高い丘にある。敷地は広く中央で一・二mほどの高低差をもつ。

シェルターと呼ぶ外殻は、内外ともに打放しのコンクリートの大柄な架構体であり、九本の柱で支えられ、地上から浮き上がっている。また、内側の箱と呼ぶ四つの個室は、シェルターの架構とは全く離れた、在来構法を使った木造の部屋であり、シェルターの空洞の中で自由な配置が可能な個室単位だ。内の中の内とか間の空間といった入れ子の構成が、架構と個室の空間的な関係を決めていく。

和室の上は子供のプレイルームになり、子供室の上は友人の寝場所になるといった立体的な余裕が至る所に生まれる。いやそれ以上に、この住宅は集落のアナロジーで満ちている。集まって住むための空間構成の原型が写しとられている。

写真❶

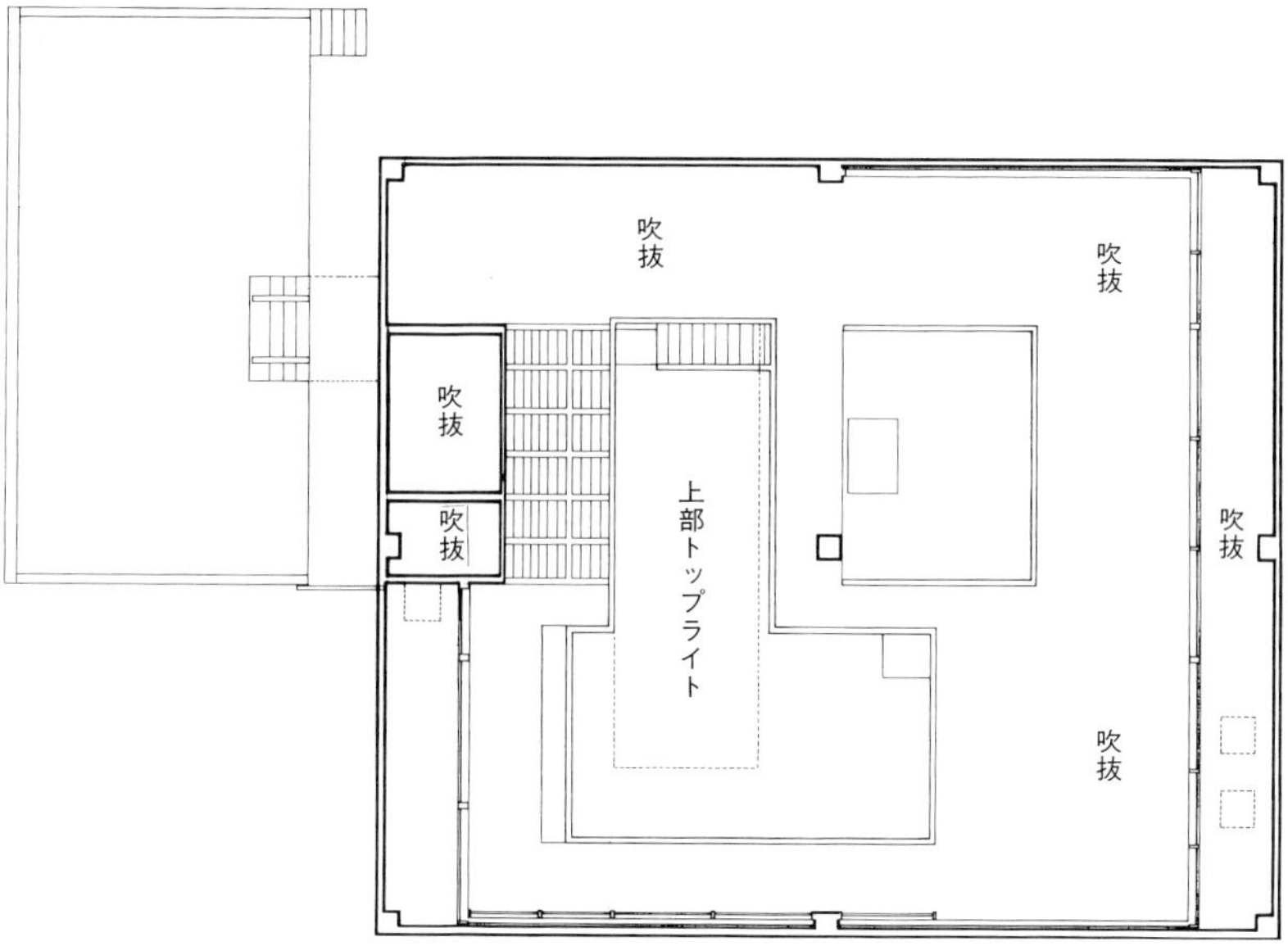
吹抜
吹抜
吹抜
吹抜
上部トップライト
吹抜
吹抜

図❶

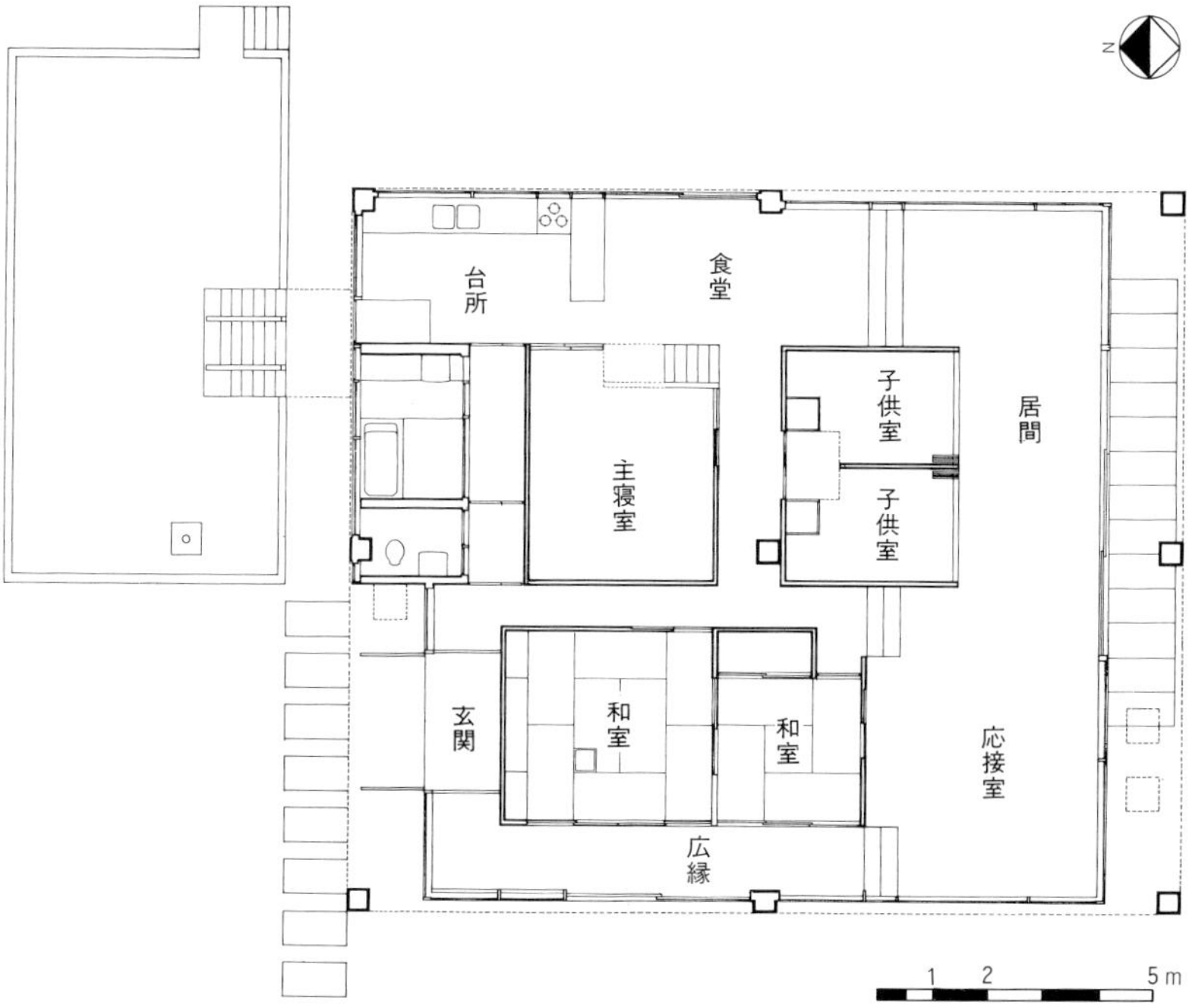
N
台所
食堂
子供室
居間
主寝室
子供室
和室
和室
玄関
応接室
広縁
1
2
5m

図❷

写真❷　まるで石垣のような北側外観
写真❸　港の船を思わせる南側外観
図❸　断面

この家は平たい大きなコンクリートの箱が地面から少し浮上したようなシルエットをもっている。この外殻と内側の部屋は，全く別の架構体のシステムをもつ。

写真❷

写真❸

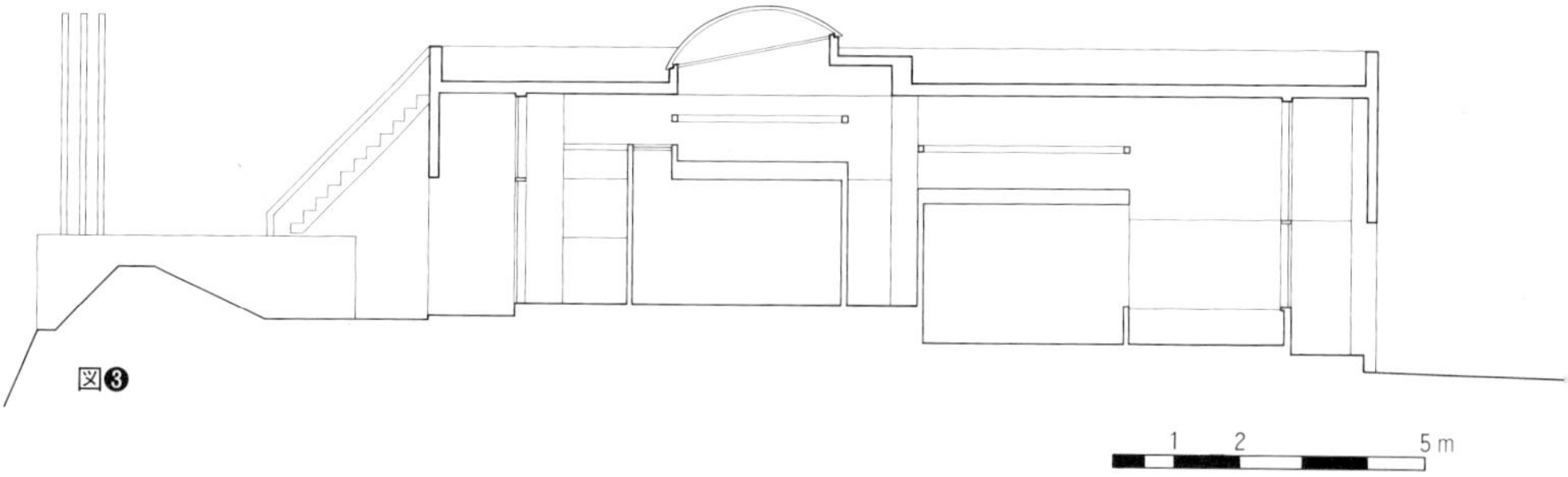

図❸

写真❹

写真❺

図❹　アクソメ

写真❹　食堂から個室群を見る
食堂から小路をたどって奥の和室へ，右手の階段を上ると屋上のプレイルームへ。

写真❺　応接室から玄関方向を見る
中廊下は街中の路地のように，個室と個室の間を抜ける。

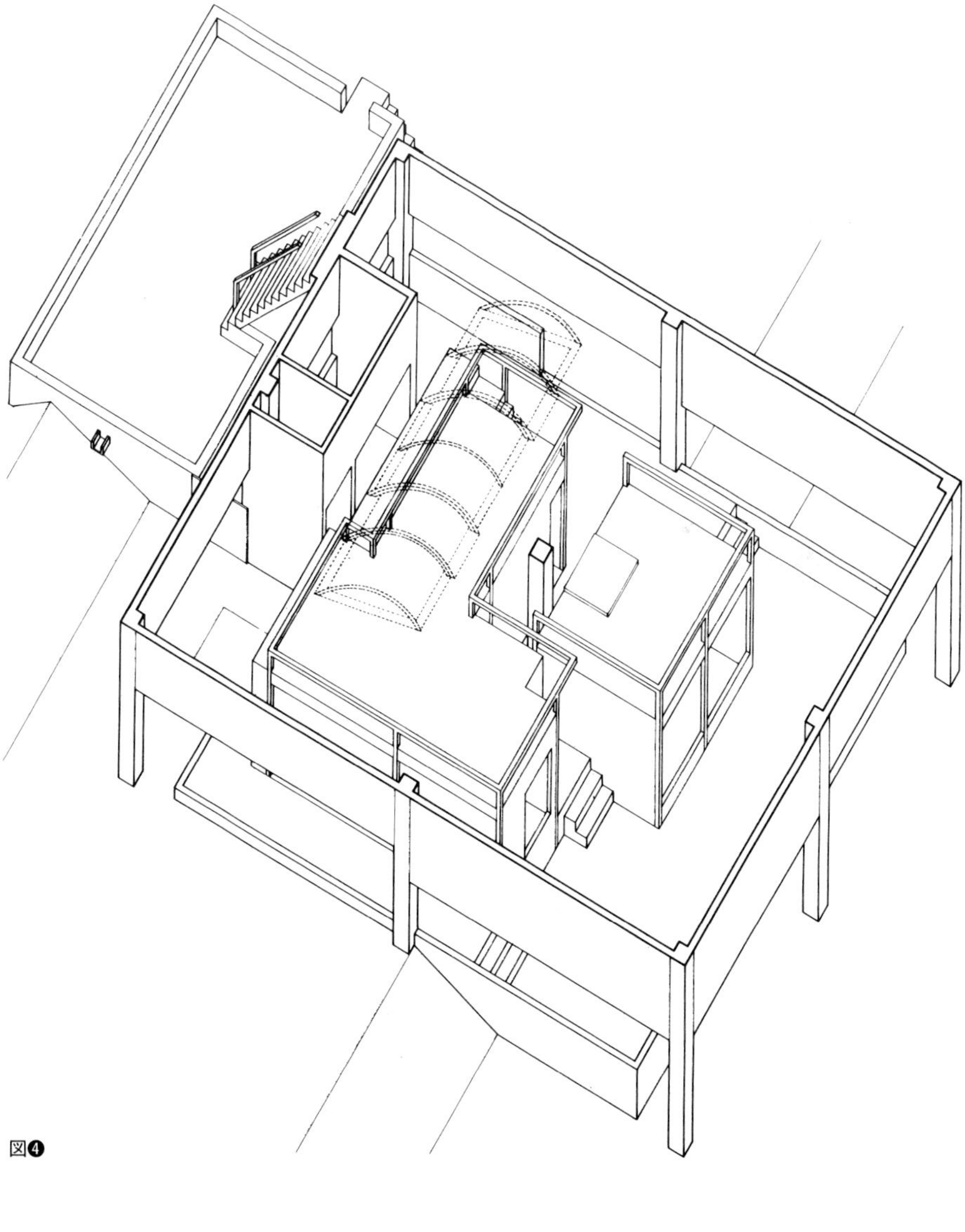

図❹

写真❻

写真❼

写真❻　個室の上のプレイルーム
写真❼　応接室から子供室を見る
中央の大きなスカイライトから入る光がプレイルームに反射して，個室の間に流れる。この光の干渉によって活性化する間を「柔間」と呼ぶ。

37 頁
写真❽　回廊風のテラス
外殻の箱は深い垂れ壁をもち，回廊のような縁のようなスペースをつくる。

光のテーマについて

この最も一般的なテーマである光は、住宅を設計する人が誰でも課題にするのだが、また最も難しいテーマなのである。機能的な面に偏って考えられてきた住宅を、空間体として捉え直すには、光こそふさわしいテーマである。設計の最終チェックをするときには、なくてはならないクライテリアなのである。

住空間における光の操作をいろいろなかたちで追ってきた。光量や光束や光線をどのように住空間化していくかについて、計画上二つの段階があるように思う。第一は外気に含まれる光や陽光を受け止める方法、すなわち入口の計画であり、第二には受け止められた光をどのように吸収するか、その流れや散らばり方の計画である。前者はトップライトや軒の形状に関連し、光量と光束の性格づけをする部分のすべてであり、後者は建物のプランニング、特に各部断面の光域の計画に深く関連している。

特に集密の度を増す都市住宅において、このテーマはもっと研究されねばならない。

住宅KAHの場合

この住宅における光の取扱いは、第一段階に重点を置いている。第二段階においては光の拡散を抑えることにして、結果的に明暗の極度に対照的な空間をつくっている。

われわれが水泡単位と呼ぶこの透明な函は、光をより大量に捕獲するための装置である。同時に、家が外界に向かって開こうとする意志の徴《しるし》である。それは奥まった部分に強烈な闇の空間を対置することによって、劇的ともいえる空間効果を生む。

この家は、二家族が共に住む住宅である。一階に若い一家族と老家族の共用部分があり、二階に夫婦寝室と二人の子供の部屋が屋上庭園を囲んでL字型に配置されている。予測される家族構成の変化に対して、一階における居間と居間の間の間仕切は取り外すことができる。また、将来両方の居間につけられた水泡単位は、増殖して新しい光の函を結ぶように計画されている。

EPISODE

撮影：石亀泰郎

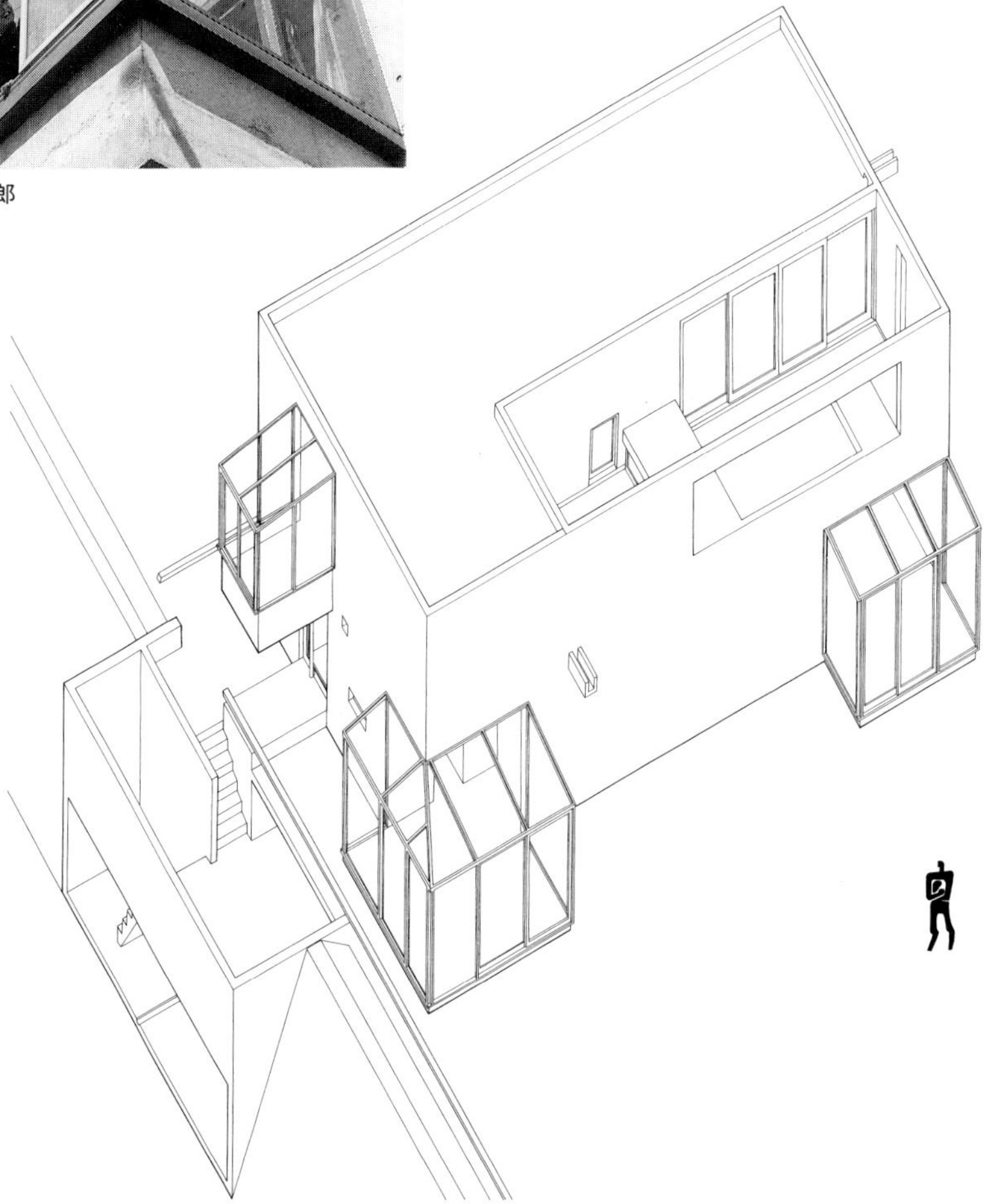

住宅ＳＡＨの場合

この住宅の外観のリズミカルな形態は、若い音楽家のために思いついた形である。特にキュービックな本体から吊られるように出たガラスのサロンは、機械的なディテールをもつことで楽器のイメージに近い。キュービックな箱は、ピアノを置く位置の変化や将来の予測もあって、できるだけ可動の家具で間仕切をつくり、コーナー部分に静かな領域を得るように工夫している。ガラスのサロンは、居間とスタジオが結びついたような部屋である。木立の影が期待できず、半透明のスクリーンを掛けることにしたが、加えて形態によって音の問題も解決しなければならなかった。光と影の領域の比率などを計算し、最終的に、容積にして一対三に近づけた。水泡空間の典型にすることをもくろんだが、同時に住宅を箱と袋にたとえて考えてみようとした家である。

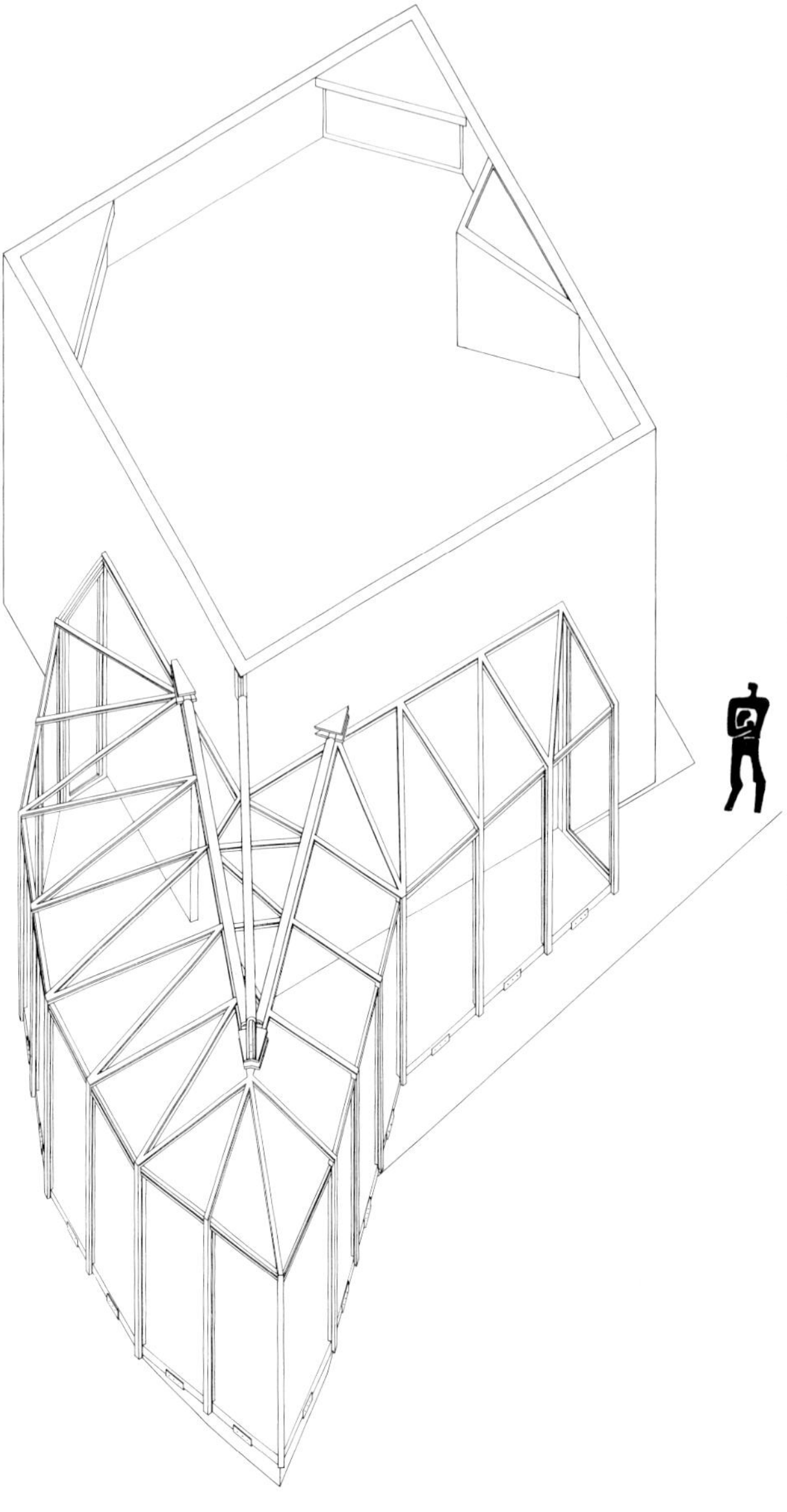

●解題03●

MOH7007

東京都

この住宅は田園調布にある。敷地はこの街区の特徴である環状道路と放射道路の交点にあり、小さくて不定形、おまけに高低差をもつ。風致地区による制限も厳しい。このような条件の下での都市住宅は、デザイン手法の中でも最も合理的な形を要求される。

ここでとられた主要な方法は、二枚の異質な壁による構成方法である。曲面をもつ壁は住宅の中身を包み、平滑な壁は住宅の領域を仕切る。二つの壁の間に玄関や庭がある。

外壁は、外に対して明快な陰影をもつように配置される。これは敷地に面している車道に合った丸い形である。この丸いふくらみは、内在する生活の力量が外部へ形として表れた結果だ。

住宅機能ははなはだコンパクトに組まれている。住宅は、内部にコンパクトであればあるほど、外部との接面は緊張して表れる。

一階の居間は半地下である、そして庭に開いた三角形の吹抜けをもっている。居間を挟むように和室と食堂が付き、その隙間に二階の家族室への階段がある。

全体として漏斗状のこのスペースは、不整形の個室を包む薄い壁によって形成されているので、各個室は入り込んだ吹抜けの明暗にこまやかに影響されることになる。

二階には、家族室を挟むように夫婦の寝室と子供室がある。子供室からは、車庫の屋上庭園、つまり平滑な壁で仕切られた庭に出られる。このようにして半地階、三角の吹抜け、吹抜けに面した大きなガラス面、家族室、屋上庭園などが、二枚の壁によって空間的に組織されていくのである。

写真❶　模型写真
曲面と平滑な2枚の壁，三角形の吹抜けと屋上庭園を示す構成スタディ模型。
図❶　2階平面
図❶　1階平面

MOH7007

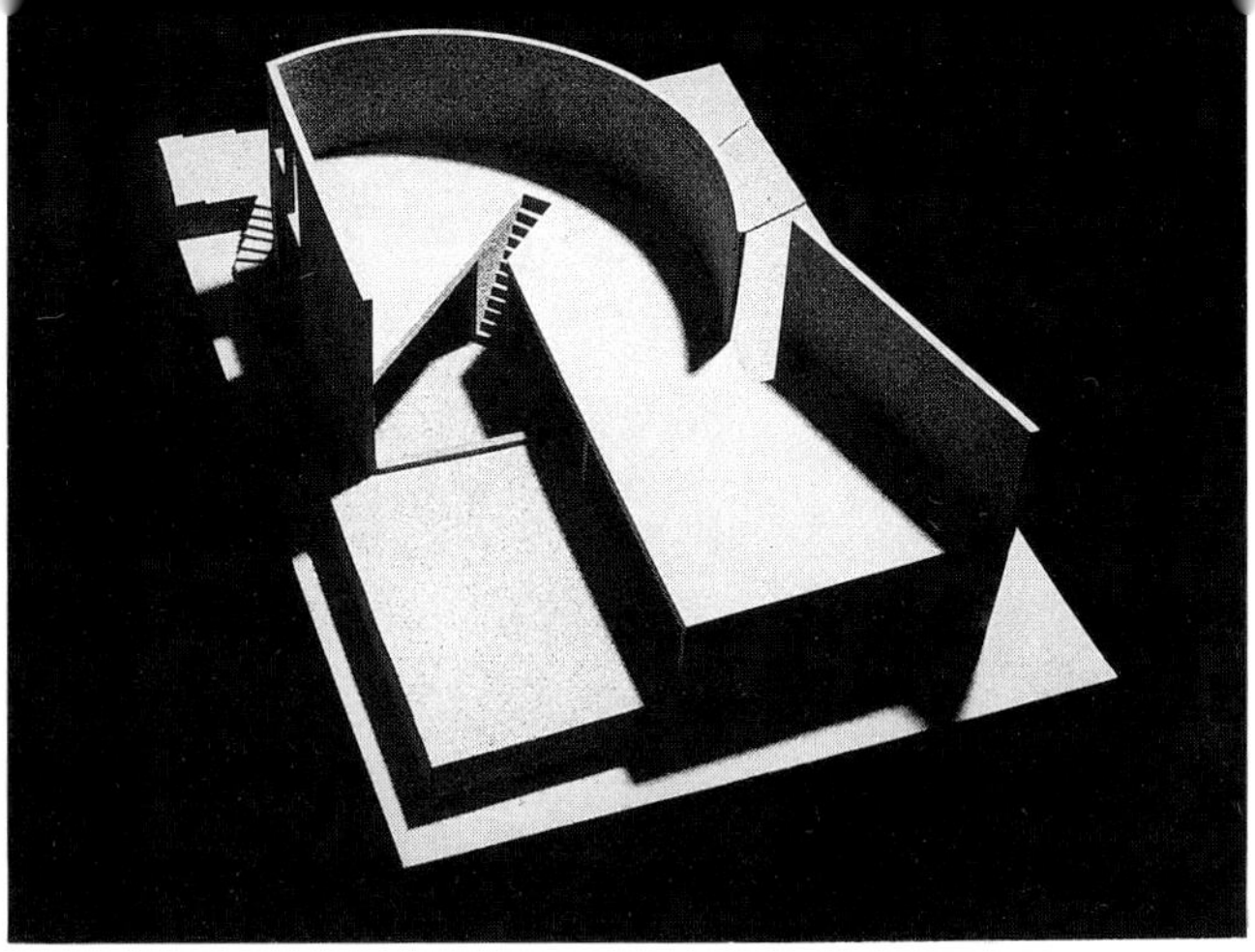

写真❶

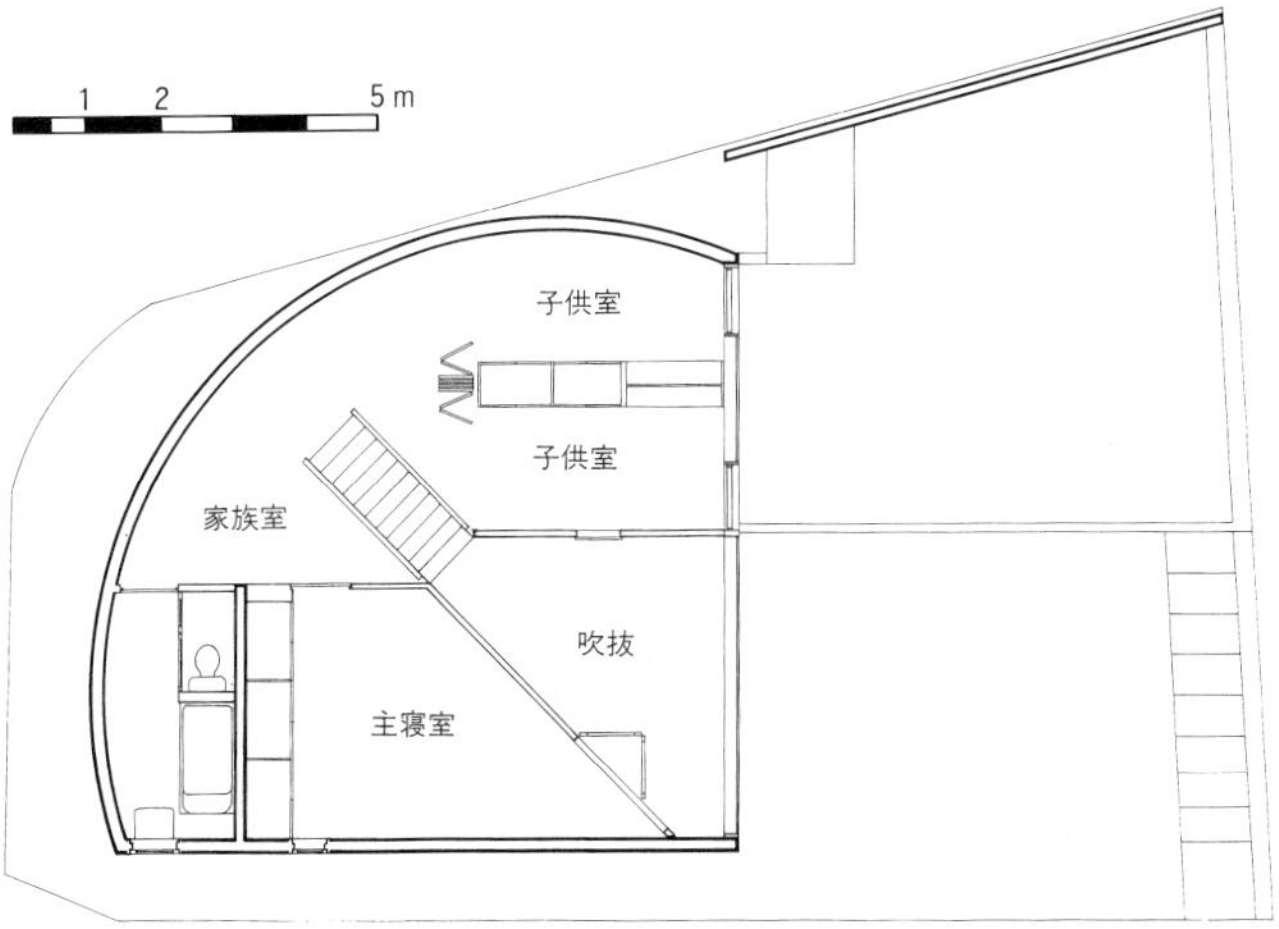

図❶

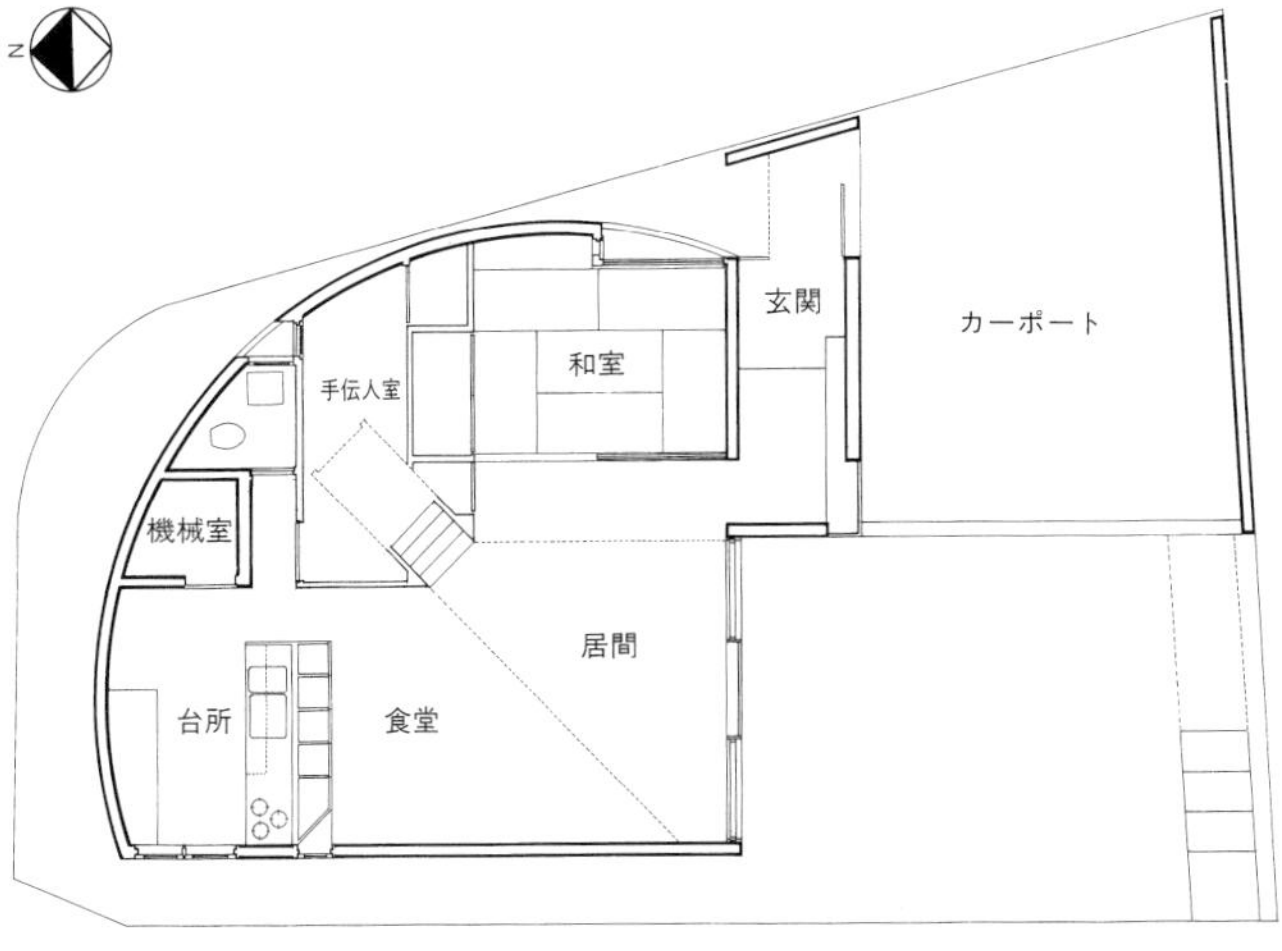

図❷

写真❷　東側外観

45

MOH7007

写真❸

図❸ アクソメ

写真❸ 居間の吹抜け
吹抜けは三角形に切り込まれ，庭の光を集めた階段の隙間は2階の家族コーナーへ向かう。

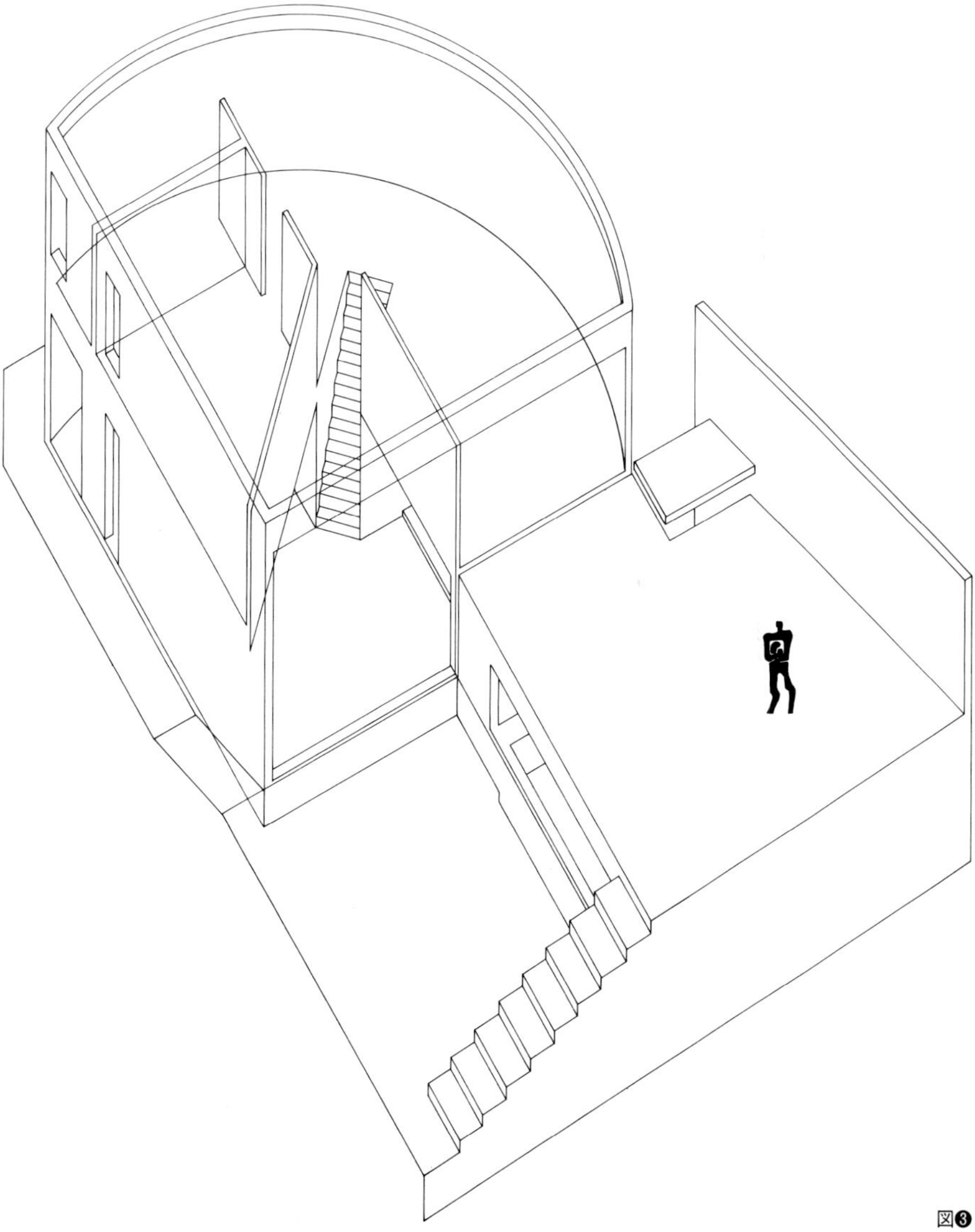

図❸

48頁
写真❹　斜めに切れ込む階段
家族コーナーから三角形の吹抜けを見る。

写真❺　2枚の壁の間（1970年）
写真❻　増築後
この住宅は完成から30年たとうとしている。住人が変わり，屋上に個室が増築されたが，2枚の壁は健在である。

写真❺

写真❻

写真❶　1975年のアトリエ
写真❷　1998年のアトリエ
図❶　断面
図❷　2階平面
図❸　1階平面

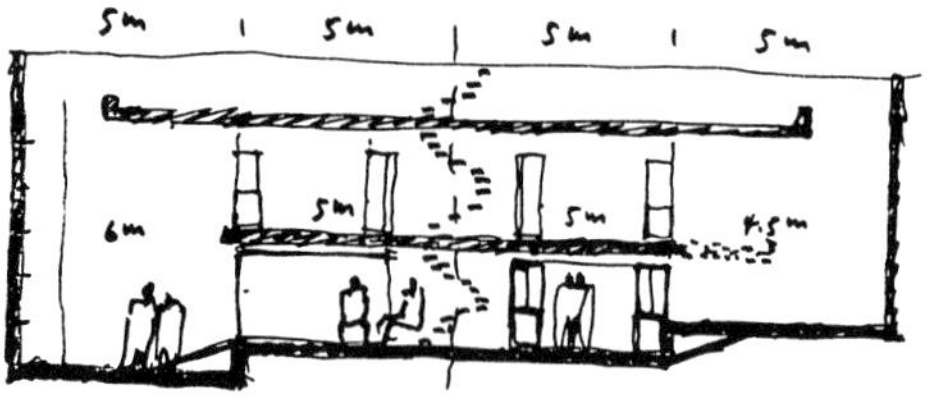

解題 04

SIH7311

東京都

この住宅は、世田谷区の静かな住宅地の路地の突き当たりにある。閉鎖的な壁の捉え方や、断面に表れる五×五mというスケールは、住宅〈KIH〉（五八〜五九頁）に酷似している。すなわち住宅は、〈五×五×五m＝一二五m^3〉の空間キューブが四つ並んで〈一二五m^3×四＝約五〇〇m^3〉の容積をもっている。居間＝アトリエという原理はここでも徹底している。天井の隅から落ちる光の採り方や壁をなめるように浸み入る光の操作方法も似た手法をとっている。

しかし、〈KIH〉と異なる点は、居間とアトリエに間仕切を入れずに、中間に床面を設けて曖昧に領域を分けようとしたことだ。大小二つのアトリエは家の両翼をなす自由な空間である。住宅は長い箱ではあるが、内部では両極にあるアトリエによって、二層の居住核が抱き込まれている。夫婦共に陶芸をやり、絵を描く。ここで創作はごく自然な生活の一部である。

写真❶

写真❷

SIH7311

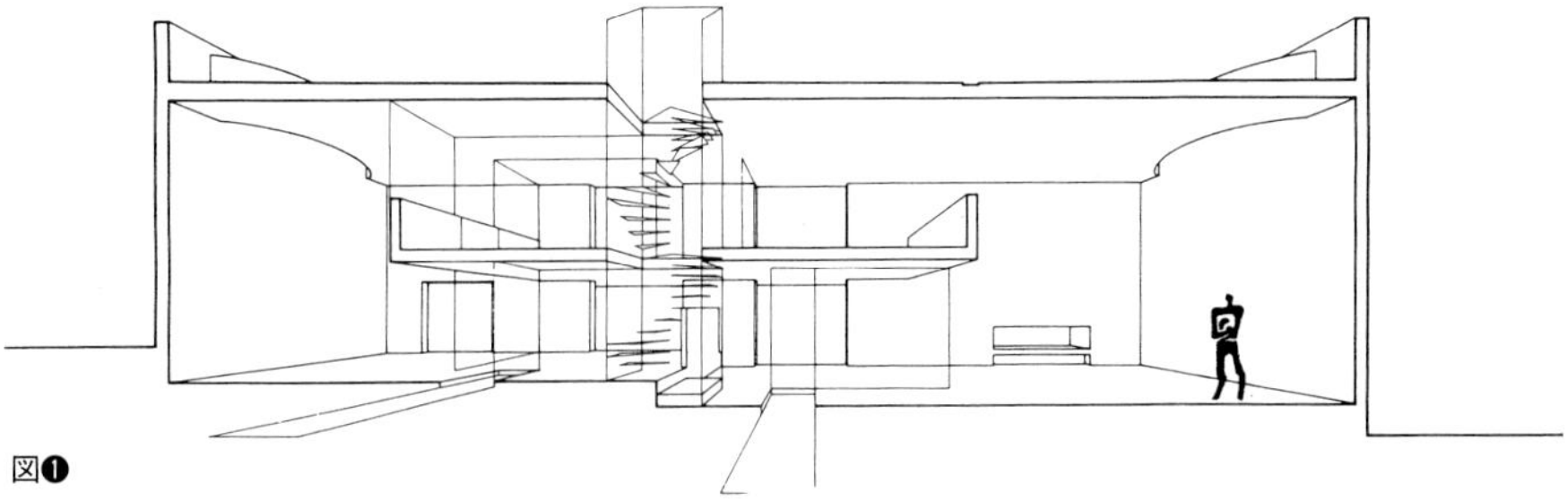

図❶

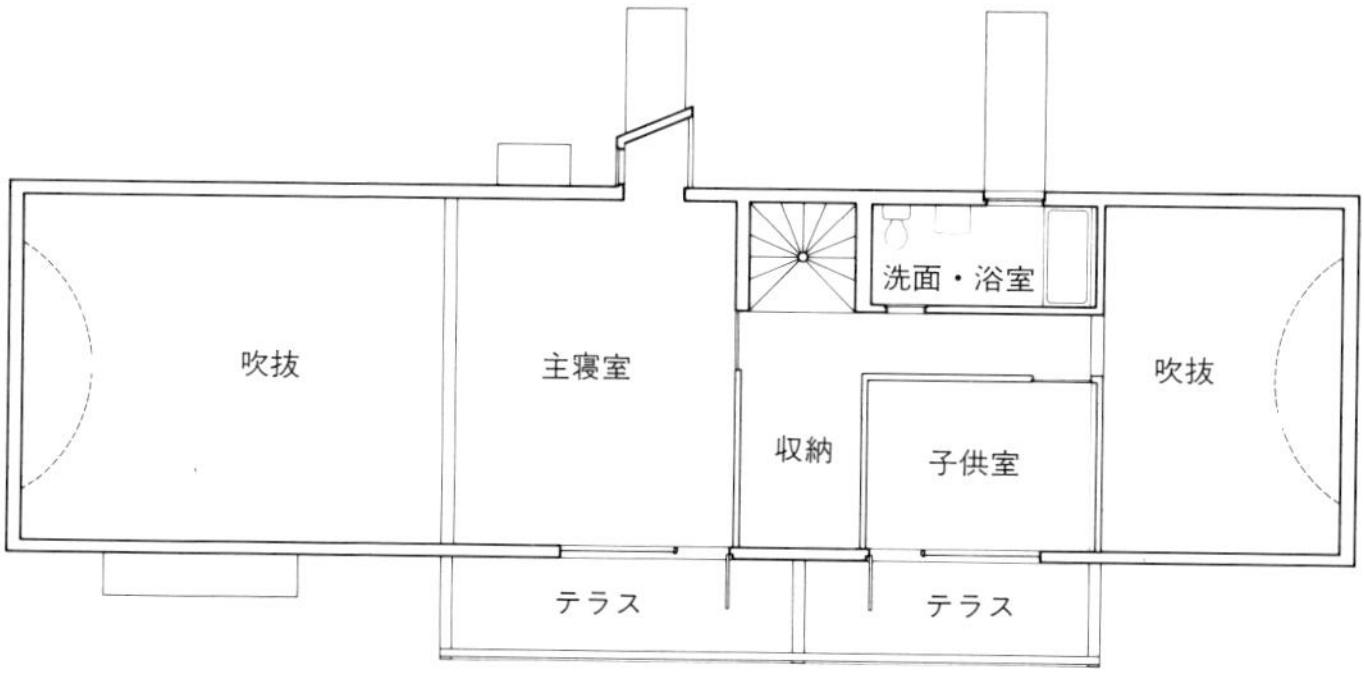

図❷

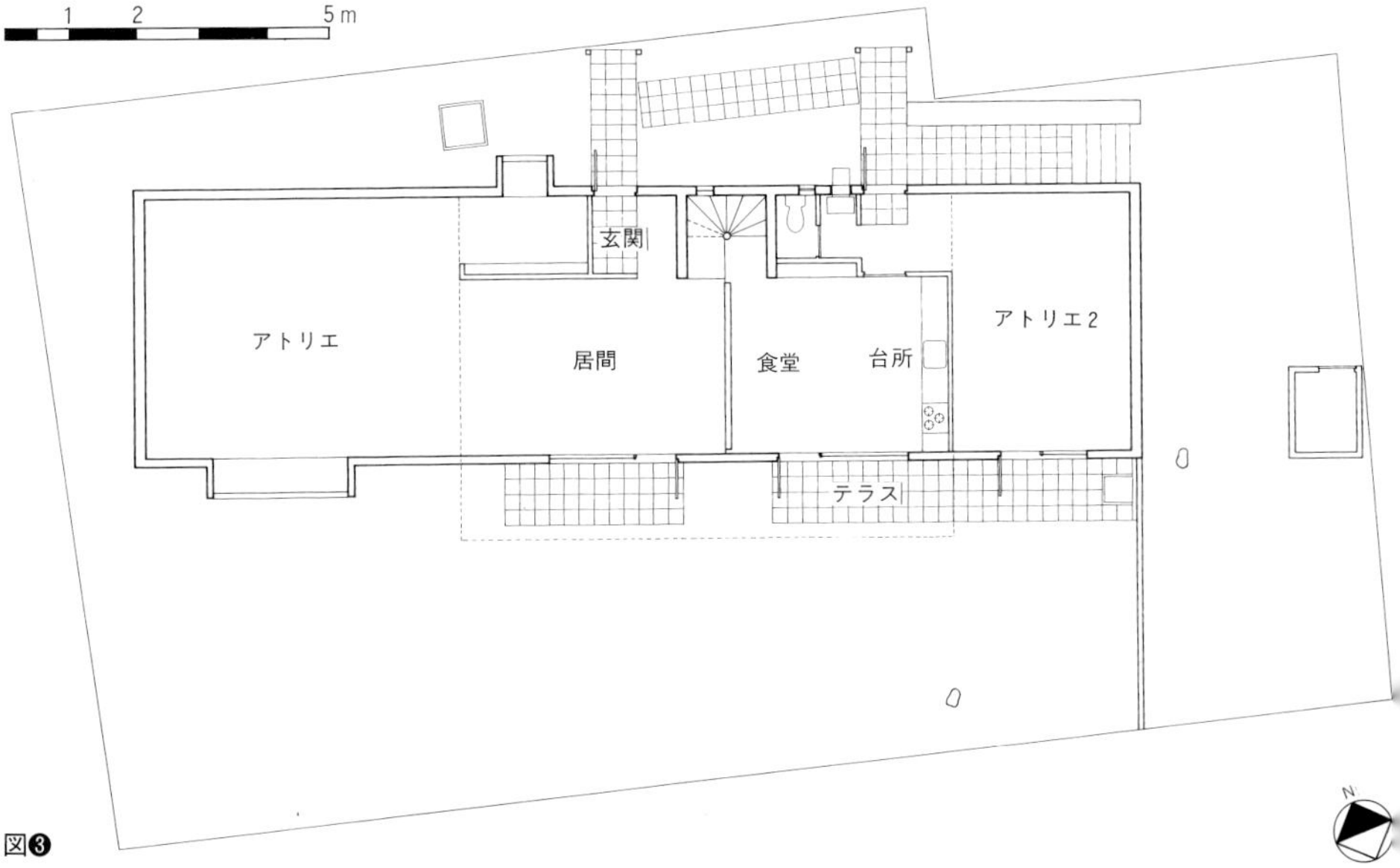

図❸

写真❹

52頁
写真❸　アトリエの円弧形天窓

写真❹　夏の日の一番深い日差し
写真❺　アトリエ＝居間という空間
完成して10年で，ご子息が結婚して同居。その後，約10年して転出。両端のアトリエはそれぞれ夫妻の仕事部屋に戻ったが……。

写真❺

写真❻

写真❼

54 頁

写真❻　左が食堂・茶の間，右が居間・アトリエ

写真❼　左がバルコニーのある寝室，右はアトリエの吹抜け

図❹　アクソメ

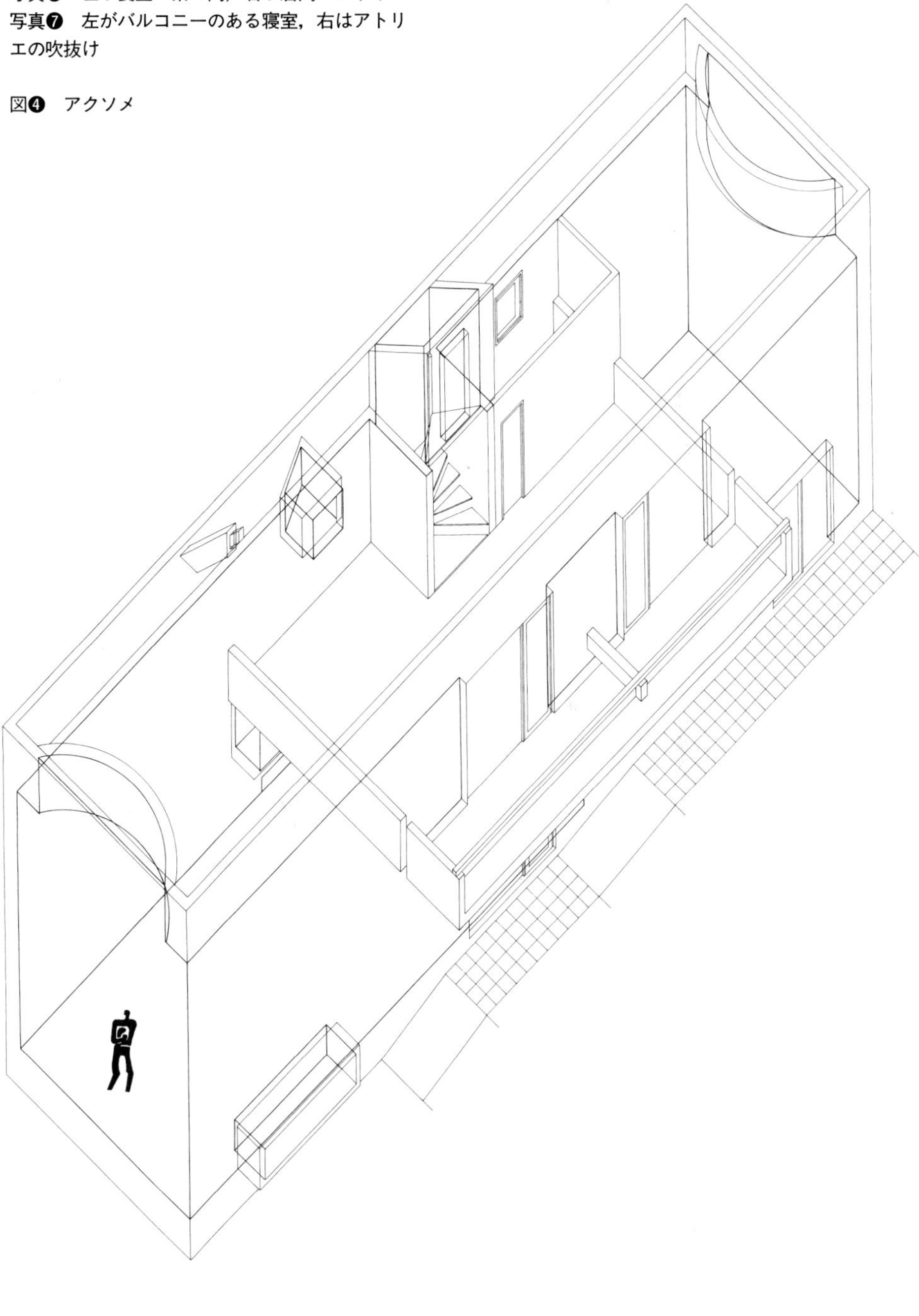

箱から飛び出す要素：人を招き入れるキャノピー，光をすくうテラス，庭を覗く地袋窓，屋上排水の雨樋，通風のための出窓。

写真❽　南側外観

57 頁
写真❾　北側外観

EPISODE

箱からはじまる

閉鎖性の高いコンクリートの箱を、住宅の原型として位置づけたい。それは一つに、都市住宅の負の条件を逆転すること。次に住宅内部の空間の力を鍛えるためである。住む人の想像力をバネにしているところが、設計者にとっては他力への期待と受け止められるが、そうではなく、それは積極的な提案のつもりだ。箱の提案は光の操作とは対になるテーマでありながら、このスタディで闇をつくることが光を生むことであることを知る。もちろんそこで箱のスケールこそがキーポイントなのであるが。

住宅K－Hの場合

この住宅のボリュームについて述べる。

長さ一五m、幅五m、高さ五m、すなわち、五×五×五mの立方体、一二五m³の容積空間を三つ並べた大きさがこの住宅の純粋な規模である。

厚さ一八cmのコンクリートの壁。全く粗いままで仕上げられ、着色も何も施されていない純粋な裸の箱である。

この壁や屋根に開けられた開口部はそれほど多くはなく、全体の壁量の一二%にすぎない。光を採り込むための穴は上方に二カ所、一カ所は端部に線状で、もう一カ所はペントハウスとともになったスカイライトである。

この長い箱は、容積比にして三対二のところで一枚の壁で仕切られている。分割するためよりも領域をより明らかにするために建てられている薄い壁で、ベニヤが使用されている。寝室とアトリエはこの三〇mmのベニヤの膜で仕切られ、また結ばれている。

メキシコで野外彫刻をつくり続けた人にふさわしい、強くて大柄な空間をつくりたい。まず発想の要になるアトリエという部屋をどのように捉えるか、考えていくうちにアトリエは居間と同じであるという結論に達する。居間を解析していくとエッセンスとして残る〈想像力を喚起する場〉にそれは重なってくるからだ。

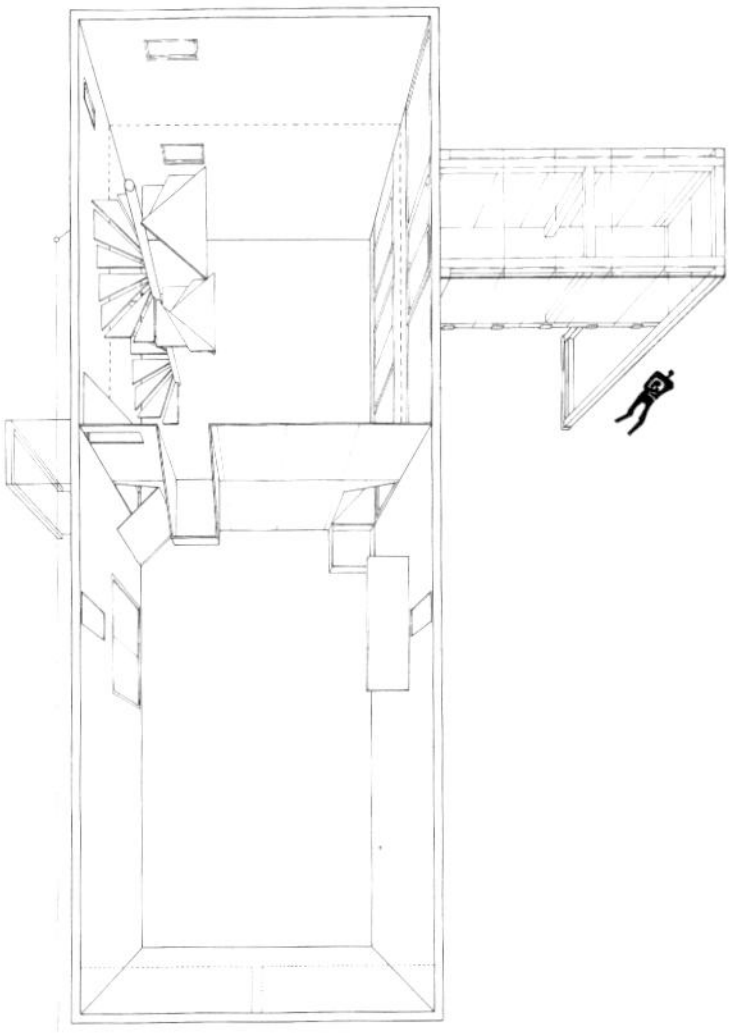

住宅TAHの場合

この住宅の夫婦は、共にものづくりの好きな人で、ここでも居間＝アトリエの空間原理を応用してみる。

箱の中の箱として現れる部屋の壁は、柔らかい壁として表現されて、各部屋に適合した思い思いの形が、一枚のベニヤ板の壁面を飾る。

アトリエから見える部屋の行列は生活の野立看板、部屋から見えるアトリエは生活の倉庫に似ているなど、これは建て主との会話から生まれた解説である。もう少し進めて、部屋は家具であり装置であるという考えもここでテーマにした一つである。このような空間の演出は、限定された場を異化する舞台装置に似ている。しかしここでは、生活の舞台であるのだから、単純な箱の中にどのようにして深い落ち着きを生むかを、演出してみなければならない。

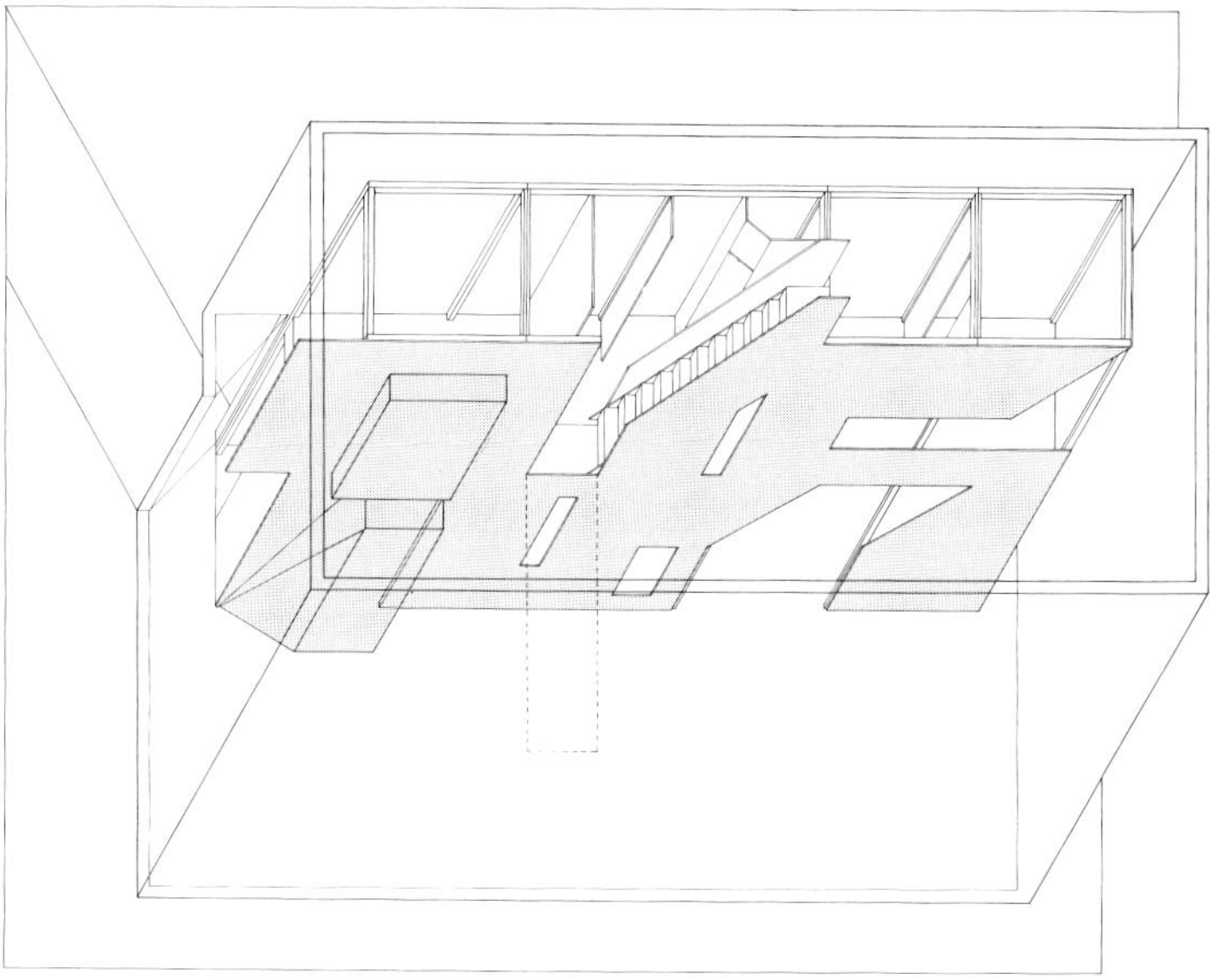

図❶　屋上平面
図❷　２階平面
図❸　１階平面

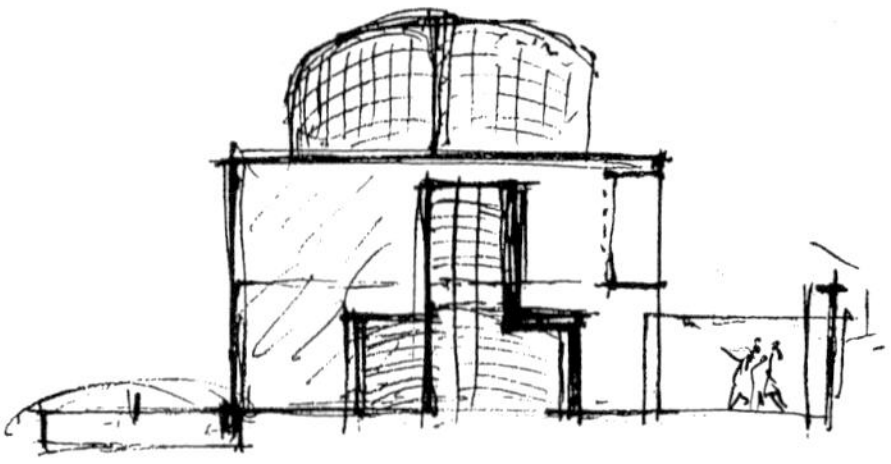

解題 05

HAH7710

千葉県

この住宅は、習志野市の古くからある住宅地に建つ。施主は物理学の研究者であるが、禅の研究家でもあり、研究会を主宰して活動している人だ。この住宅に禅的空間を加えたとしたら、それは施主との会話によって与えられたものである。

平面は厳密に正方形。そして、ここでは円弧形が方形と同じくらい厳密に同心円状に重ねられている。二つの壁は素材的にRCの打ち放し壁とガラス・ブロックの半透明壁である。ガラス・ブロックは主要な空間（ここでは第一の居間と第二の居間）を修飾する光壁という重要な要素となって表れている。やや彫刻的な量塊の捉え方で表現されたこの第二の居間に対して、第一の居間はちょうど向き合ったように南に配されている。南のガラス・ブロック壁による円弧とその円弧の腰壁に付けられた板張りのベンチは、実生活の中でも、居場所を演出する二つのコーナーをつくり出している。

一階のガラス・ブロックによる円弧の壁は、内部の囲みを強調するためであり、南にある隣地の建物の影を避けるためであり、また東西に長い庭の長さを生かすためである。円弧は西に玄関部分を抱き込むようになっており、そこから時によって第二の居間に直接入ることができる。

田の字型平面の北西部分は第二の居間に当たるが、この最も扱いづらいコーナーを積極的に使うために、吹抜けをとり、光壁を重ね、階段をオブジェ化して、住宅全体の要の空間としてよみがえらせている。このピボット・スペースと呼ばれる円筒状の吹抜けは、一階の居間、二階の家族室、三階の吹抜け、屋上庭を垂直に貫く、この家の光の塔なのである。

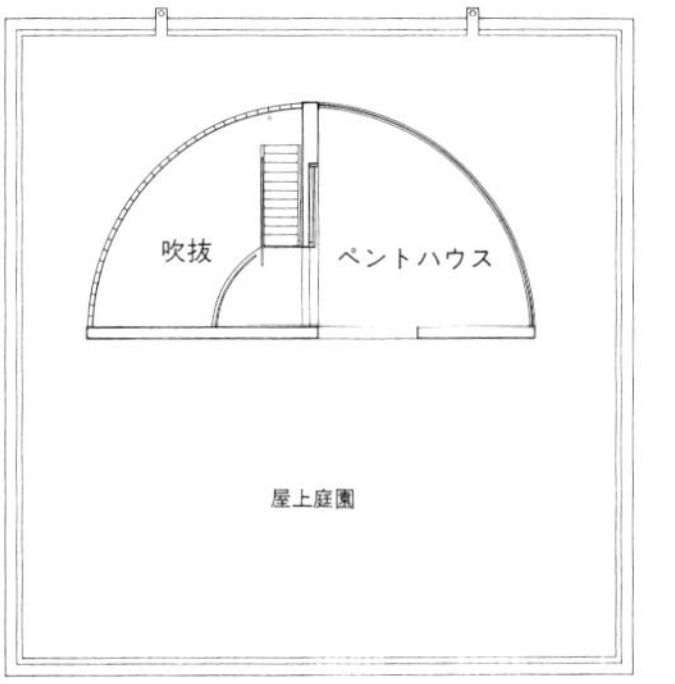
吹抜
ペントハウス
屋上庭園

図❶

1
2
5m

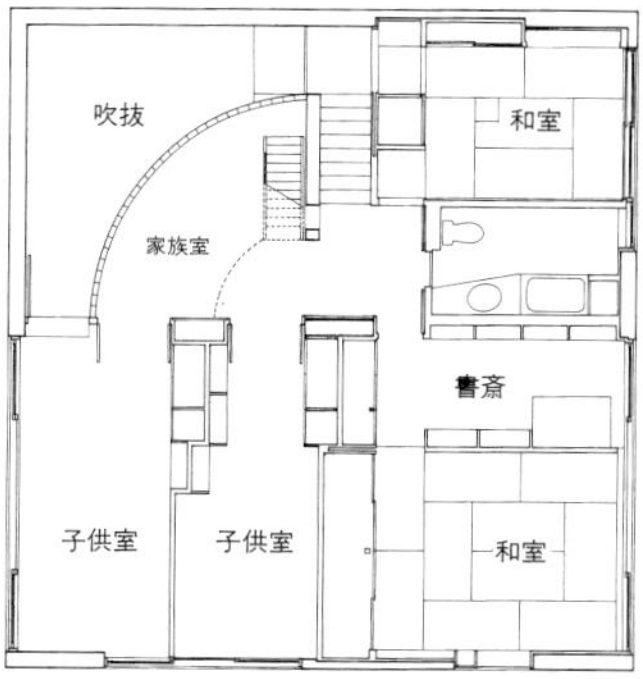
吹抜
和室
家族室
書斎
子供室
子供室
和室

図❷

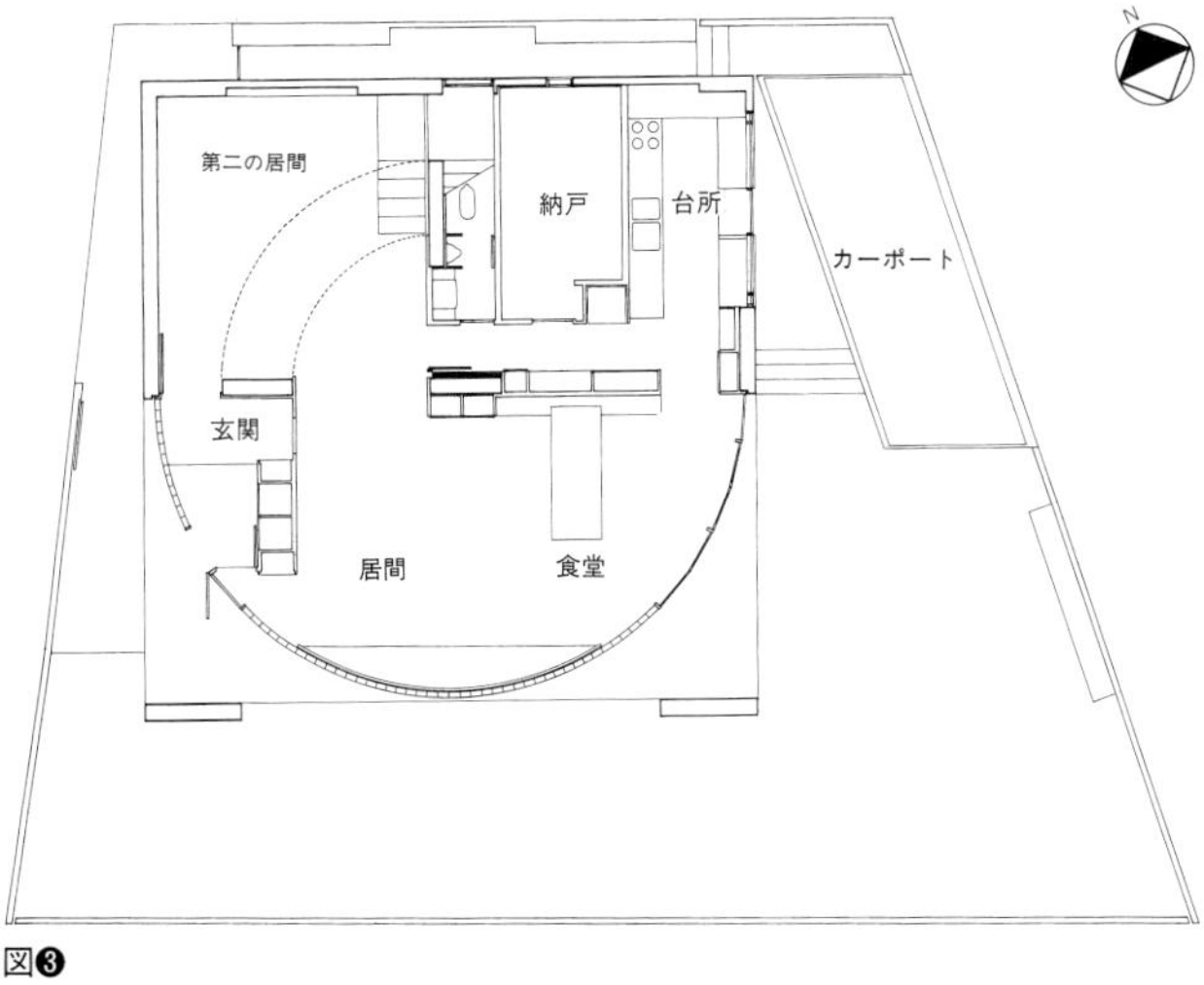
N
第二の居間
納戸
台所
カーポート
玄関
居間
食堂

図❸

65 頁
写真❶　北外観
アプローチと光の塔が見える。
66〜67 頁
写真❷　玄関と居間を包む円弧壁

図❹　円弧の配置を示すアクソメ

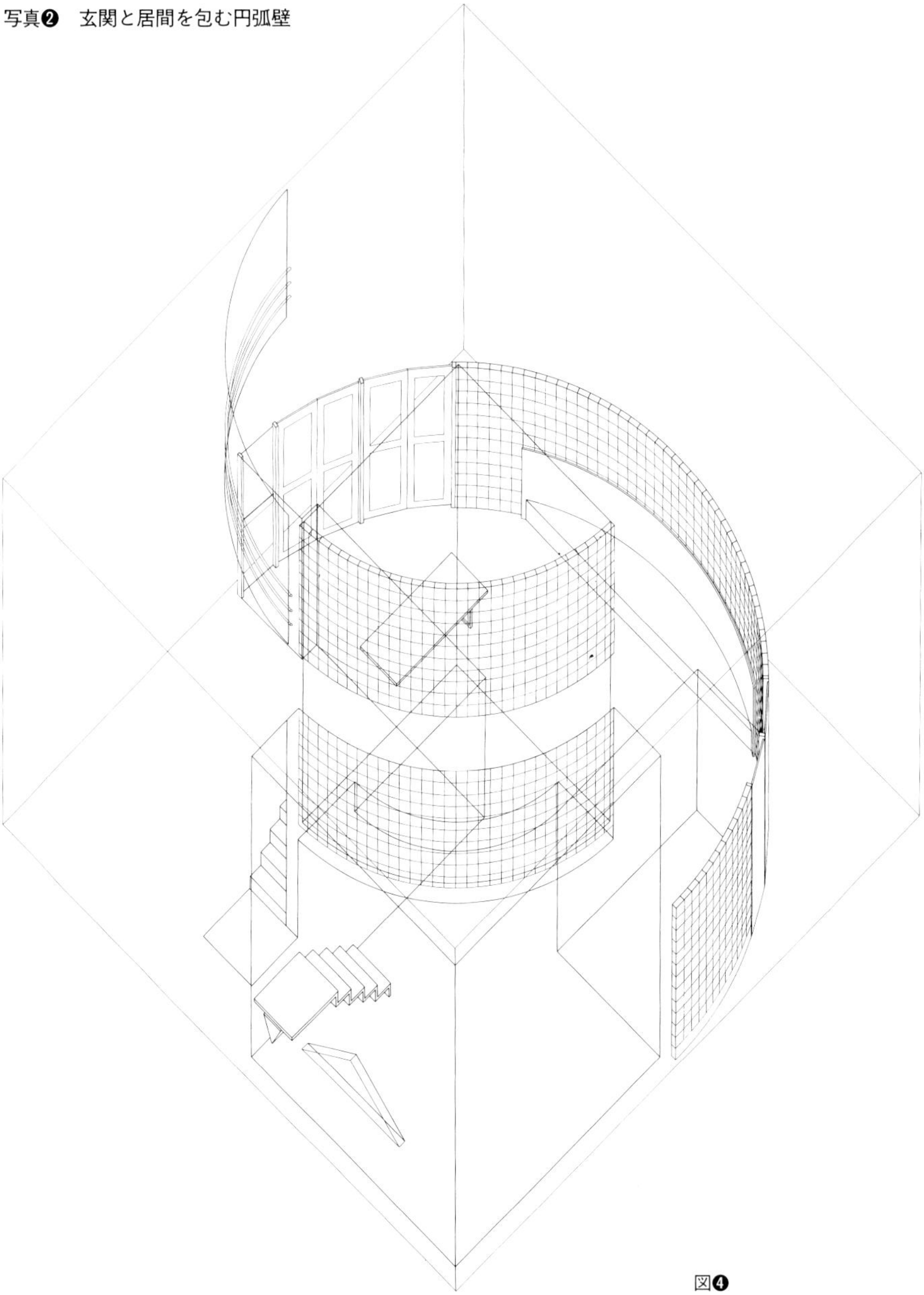

図❹

17-20

写真❸

写真❸　１階居間・食堂
円弧の壁は東西で庭に開かれている。
写真❹　応接コーナーの階段
ガラス・ブロックの薄明かりに沿って空間が螺旋状に２階，３階，屋上へと上昇する。

写真❺　１階居間・食堂
円弧に沿って長いベンチが並び，半円形の天井は濃紺に塗られている。
写真❻　庭からの眺め

写真❹

写真❺

写真❻

● 解題 06 ●

GEH7604

北海道

図❶ 断面
図❷ 平面

この住宅は札幌郊外の江別市街、そこでも比較的に新しい住宅地に建っている。平野のど真ん中に建つ木造平屋中庭型住宅である。

この住宅が屋上にもつ二枚の防雪壁は、吹雪による積雪をコントロールする壁として発想されたが、北側の部屋に光を送り込むため、また水平な壁からはね上がることで、風そのものを表そうとしたデザインでもある。

この住宅の平面構成では、まず内部に広がりを得ることを優先する。中庭型平面をとることによって、ドーナツ状の各部分が連続と独立の両方を選べるフレキシビリティの高い平面に変わる。つまり、この住宅は、全体として個室部分を特定しない可変的な空間構成を意図している。東西にあるサービス部分は固定しているが、食堂、寝室、アトリエはそれらコーナー空間につけられた名称であり、住み手による自由な使い分けの可能性を暗示している。東面に突き出た厨房は、食堂コーナーとは可動間仕切で連続的に使われるが、普段は中庭に開かれることによって独立した部屋として意識される。

構造に使われたのは、三mグリッドの単純な木造架構である。外壁は一八㎜の厚さのエゾ松の下見板張りで、水平性を強調する。内壁や天井すべては仕上げなしのラワンベニアとし、すべてが木質材によって包まれた均質的な空間である。屋根は陸屋根ダクト方式で、室内部の暖気で部分溶雪をし、除雪する必要のない屋根なのである。

GEH7604

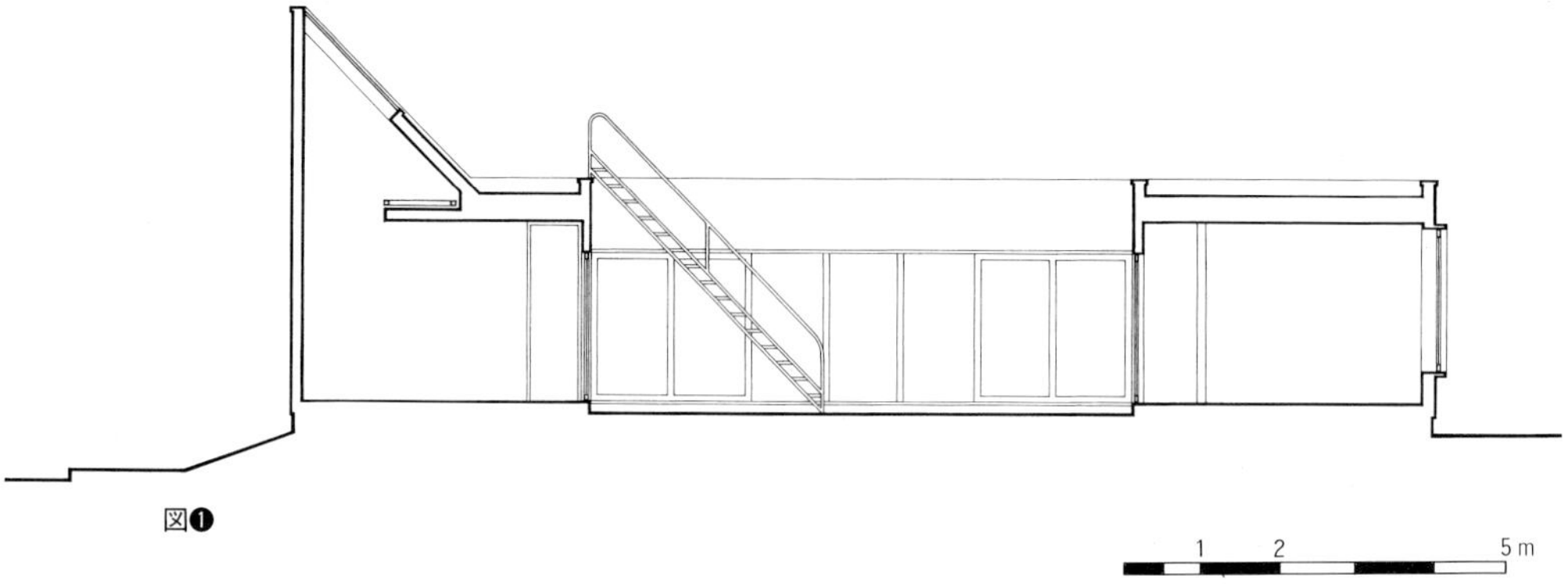

図❶

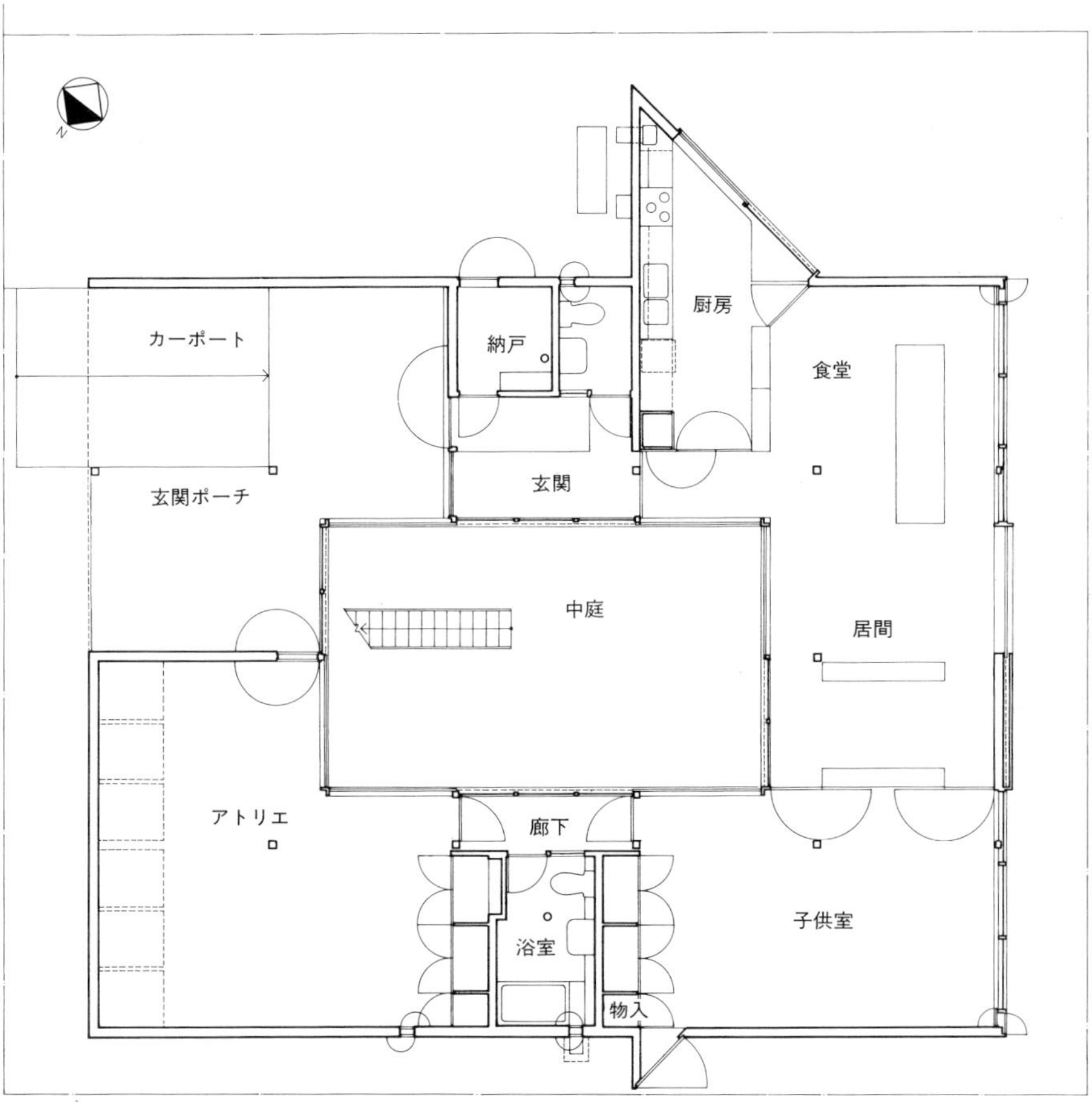

図❷

写真❶

写真❷

図❸　見上げアクソメ

写真❶　西側外観（1976 年）
公園の入口に面した東面の外壁は，厚手のエゾ松の横羽目で，水平性を強調している。

写真❷　西側外観（1999 年）
完成して 23 年，外壁は住人によって何度も塗り替えられた。もちろんメンテナンスのためであるが，そのたびに色が変わった。最初はクリアなステイン，それから薄茶色，濃茶色，そして現在は真っ黒である。

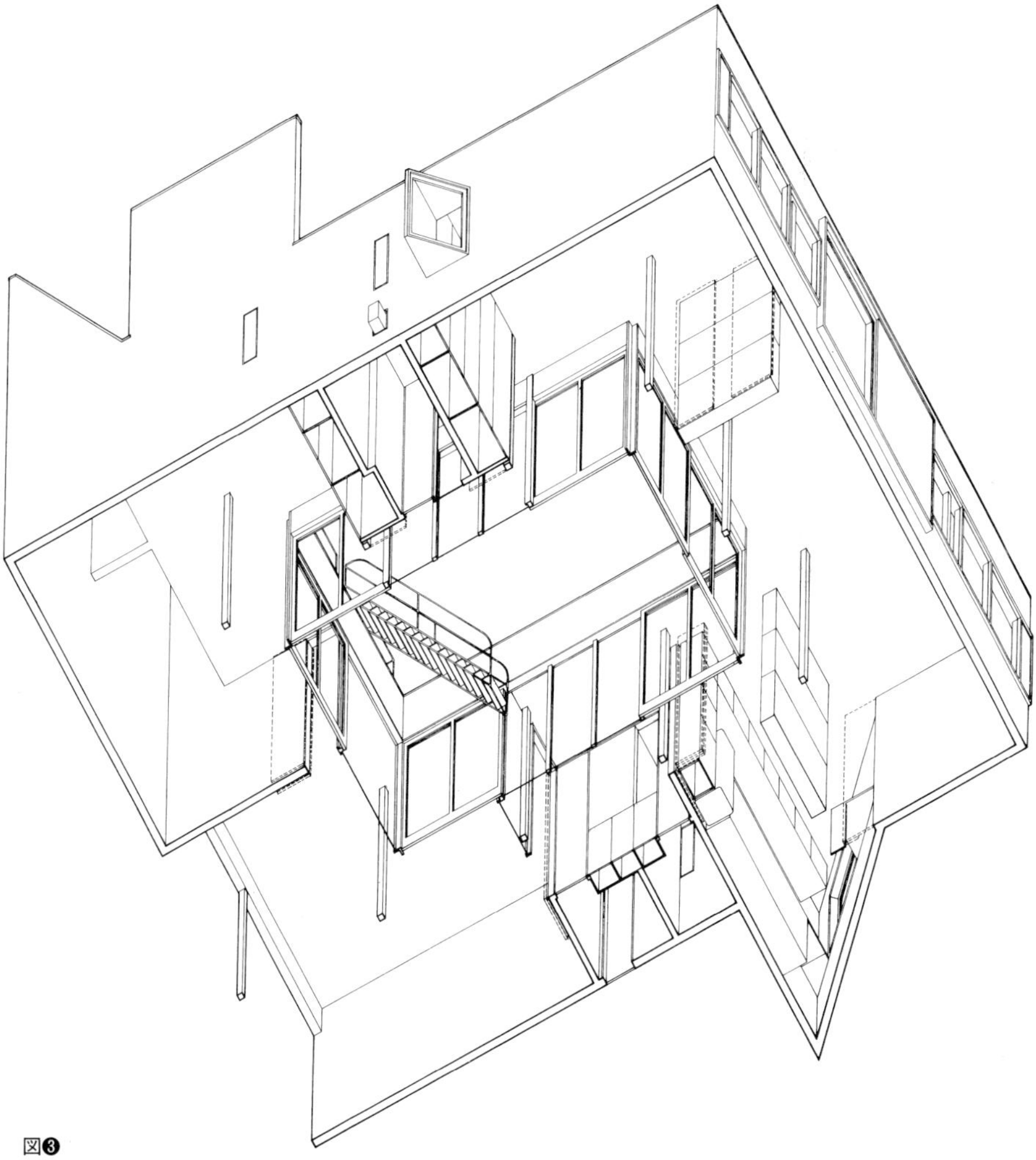

図❸

写真❸

写真❹

写真❺

写真❸　アトリエの光
西北角は絵を描くコーナーである。
写真❹　中庭の初雪
竣工後最初の越冬のとき。

写真❺　現在の中庭
住み手の積極的な住み方は，中庭の活用によく表れている。設計当初から中庭の覆いは検討されていたが，このような形で住み手によってつくられていくまでには，試行錯誤が長く続いた。
写真❻　冬の居間
窓際にある水平な長いテーブル。

76〜77 頁
写真❼　現在の中庭
住み手の自力建設で，中庭が居間のようになり，中庭の変化はそれを囲む部屋の変化をもたらす。

写真❻

EPISODE

木の家のこと

木の家は骨組が見えているのがよい。われわれの潜在的な家感覚からすれば、木造家屋には必ず木の骨組が見えている。木造住宅だからといって木らしい形を最初からつくるわけではないが、それが木材の細やかな寸法で組み立てられていくうちに、木の骨組が現れて空間を決めていくのである。したがって、いまのところ私は、木造＝和風などとは考えていない。

住宅ＴＵＨの場合

二人の子供はすでに高校生。おのおのが自分自身の空間を要求していたので、思い切って個室中心の間取りとし、各個室を西の庭に開くことにした。中心があって放射型に個室を並べる構成は、木造骨組の典型的な寄棟の屋根の形を自然に形成する。

もちろん設計の最大の意図はこの中心にあった。本来ならば居間を置く場所であるが、ここでは屋根の頂点に開けられたトップライトが、要の空間を凝縮し、かくして象徴化された光の柱をもって、居間のない住宅ができ上がった。

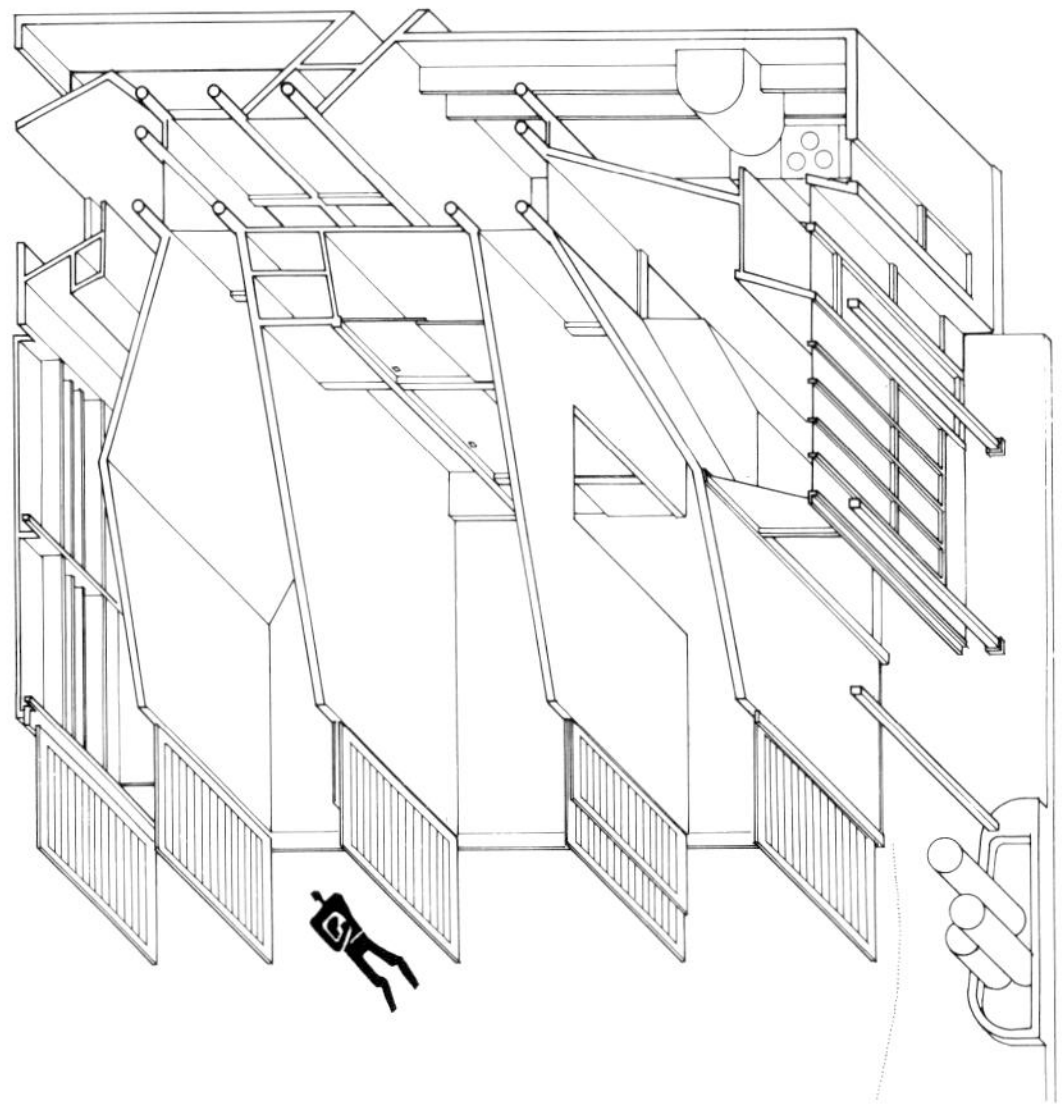

住宅NAHの場合

この住宅は、都内高輪の入り組んだ住宅地にある。間口が狭く細長い敷地は南北に浅く、隣家に完全に塞がれている。ここでとったジグザグ壁の案は、この敷地利用の検討の中から生まれたアイデアの一つである。壁面を折ることで、部屋の内外がいろいろな見え方で関係づけられる。狭い庭にも変化がある。内部空間は区切れているようで連なっている。その開閉の効果が部屋に奥行きとふくらみを生む。一方、その変化に秩序を与えているのは樹木の形をもつ柱の構造だ。吹抜けの内部空間はこの柱によって垂直の伸びを示し、深い天井や二階の軽い回廊を包んで、家全体を覆って架構の表現になる。軒線は壁との出合いで上下し、開口にリズムをつける。樹木型の骨格と折れ壁の出合いが適度に絡み合って、敷地をとらえた住宅の形を成すのである。

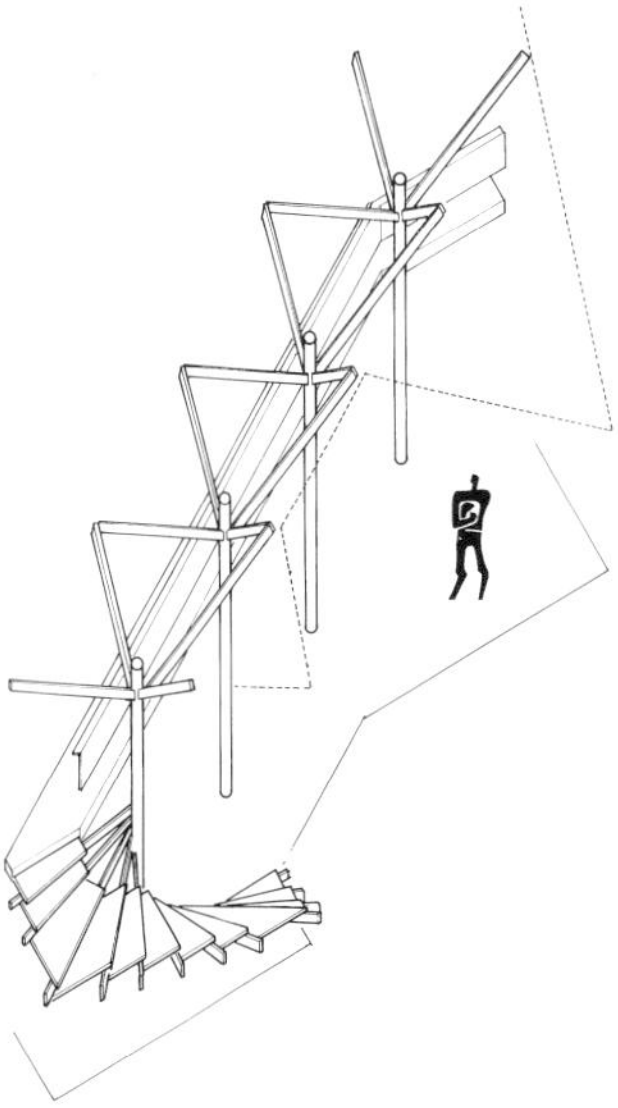

● 解題 07 ●

DEH7907

東京都

図❶　断面
81頁
写真❶　2階ロッジア
居間と応接共用のロッジア。
82〜83頁
写真❷　屋上庭園
周囲には手摺を兼ねた花壇があり，中央には天窓を利用した青いタイルのテーブルがある。

この住宅は、玉川学園駅から間近い丘の中腹にある。施主は若い歯科医で、夫人は日本画家である。小さな三人の子供がいる現在は、絵に打ち込むという心境ではないらしいが。

急な斜面地利用のために、二階レベルに客間があり共用部分がある。居間と応接間は、南西の大きなロッジアを共有している。それは鉄骨で、コンクリートの箱から分節されて建つ。

一階は個室ゾーンで、主寝室は将来絵を描くコーナーを確保できるほどの大きさがある。子供室は、まだ間仕切がないワンルームとなっている。

南面と北面は全く立面構成を変えて、スケールも素材も違っている。ことに南面は斜面の下方から仰ぎ見るアプローチを考慮している。斜面地の利点として眺望があるが、ここでは屋上を庭園化し、長いテーブルと花壇を備えて、この家のもう一つの大広間をつくっている。

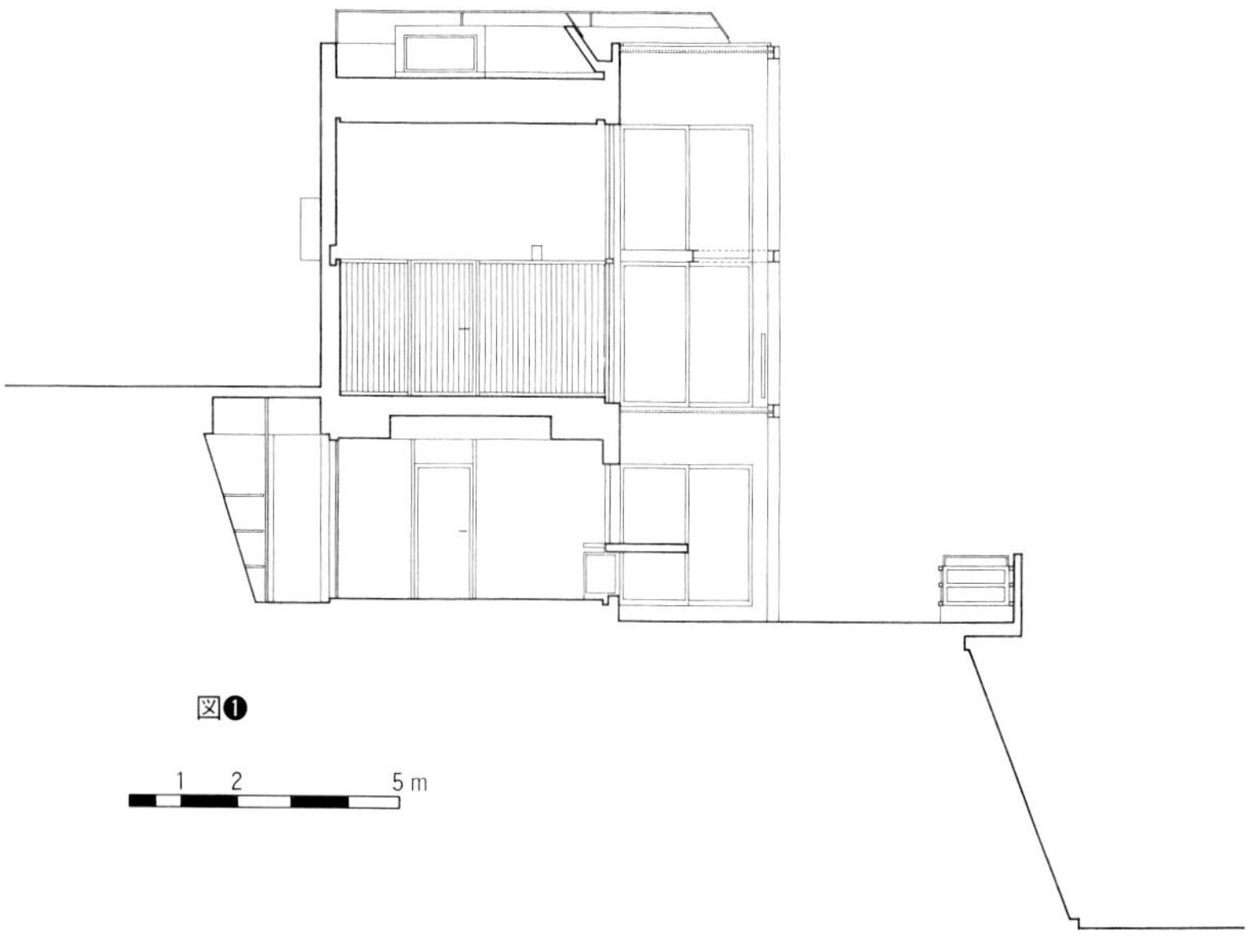

図❶

図❷　屋階平面
図❸　2階平面
図❹　1階平面

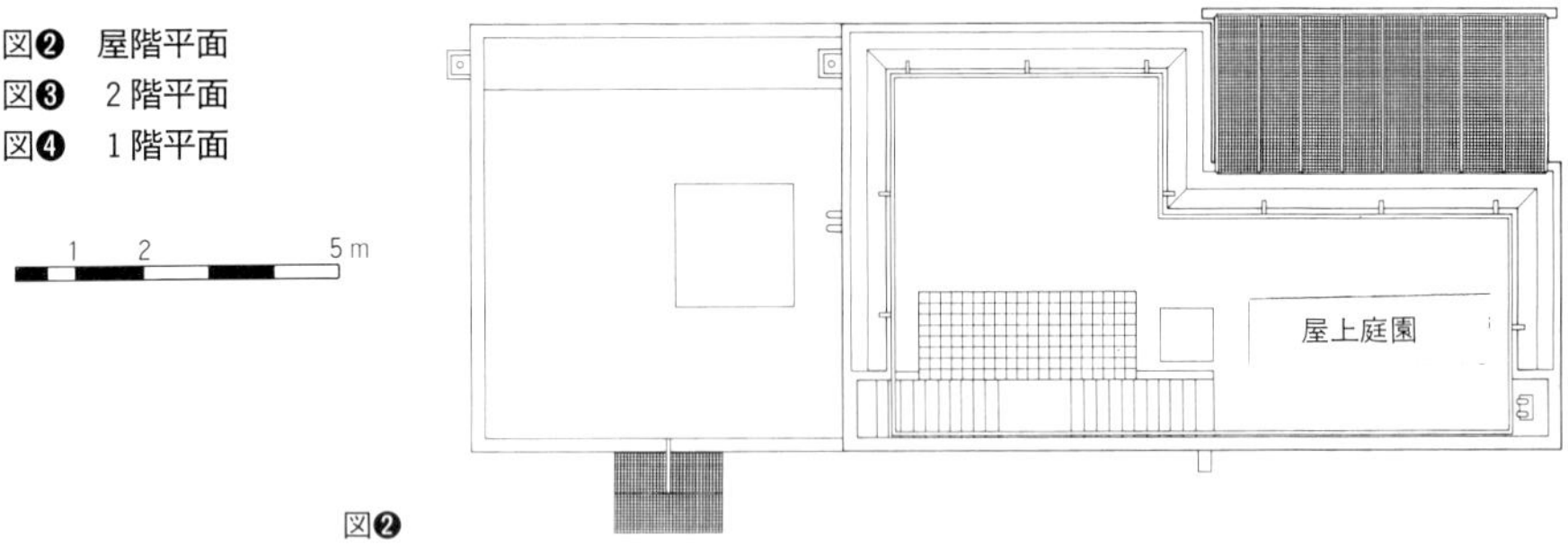

図❷

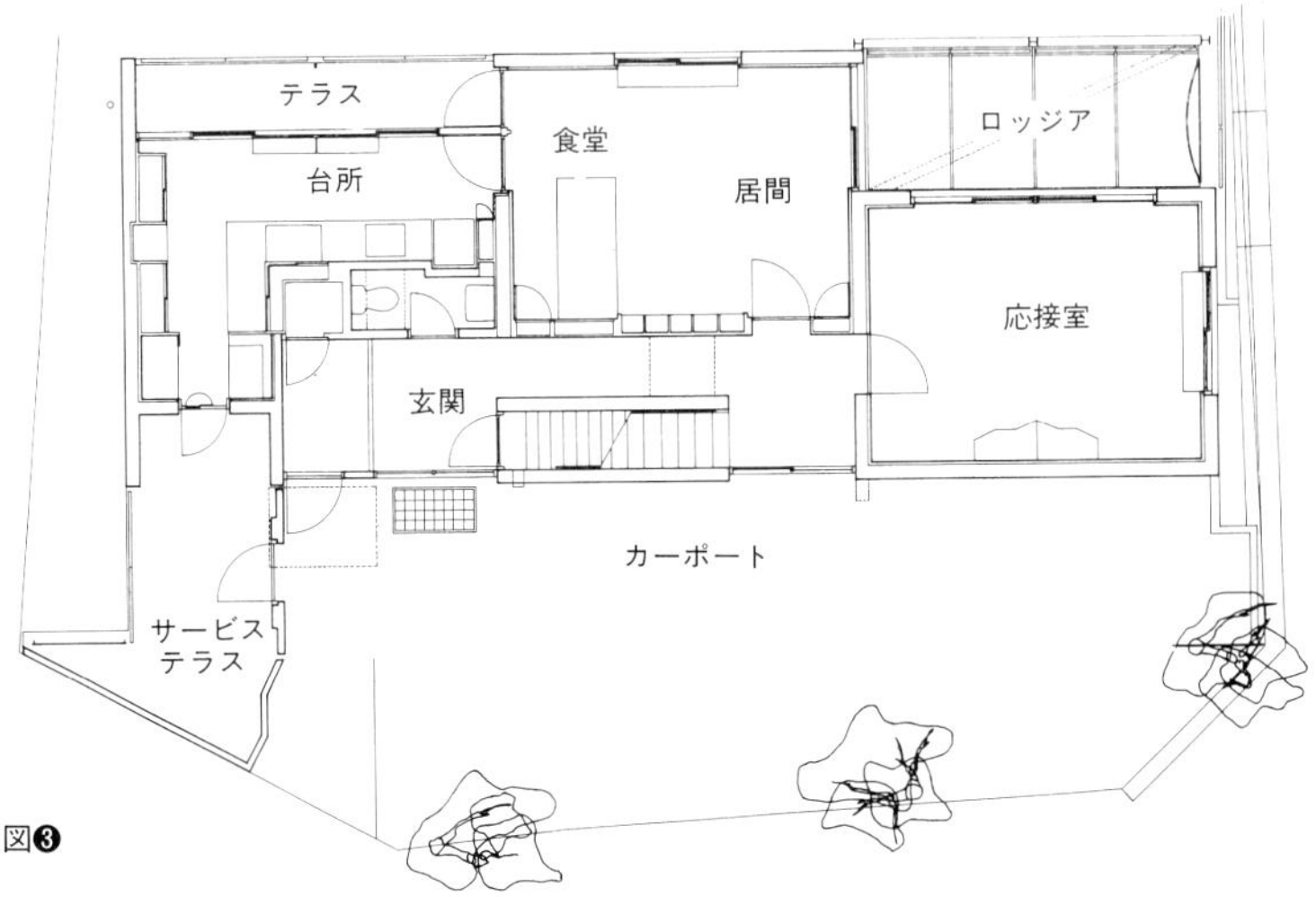

図❸

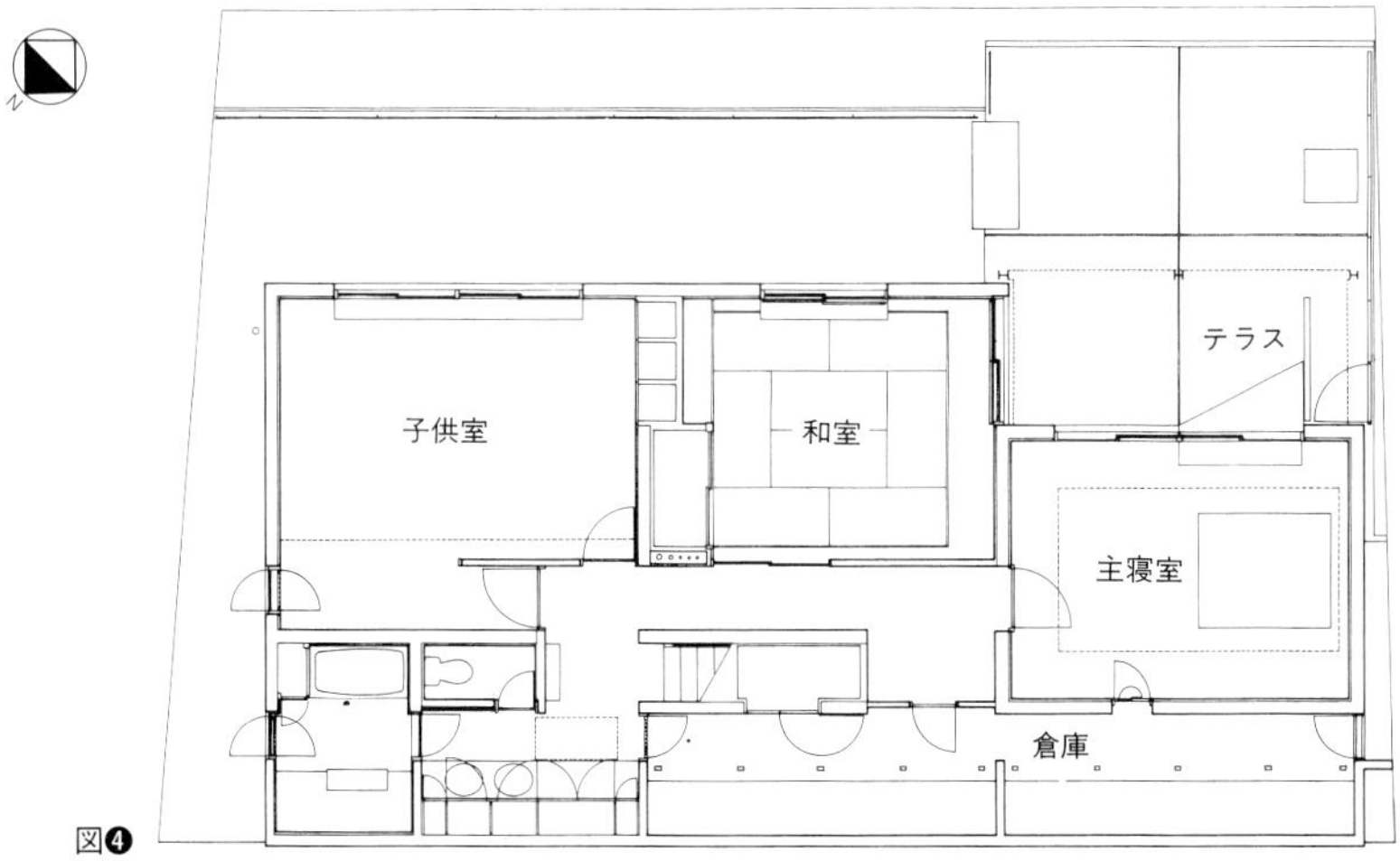

図❹

図❺　アクソメ
斜面地の住宅は，立体的ゆえに設計者にとっては刺激的である。2階レベルに玄関があること，東南コーナーの鉄骨デッキの位置，広々とした屋上庭園からの眺め。それらはすべて斜面地の家の成果である。

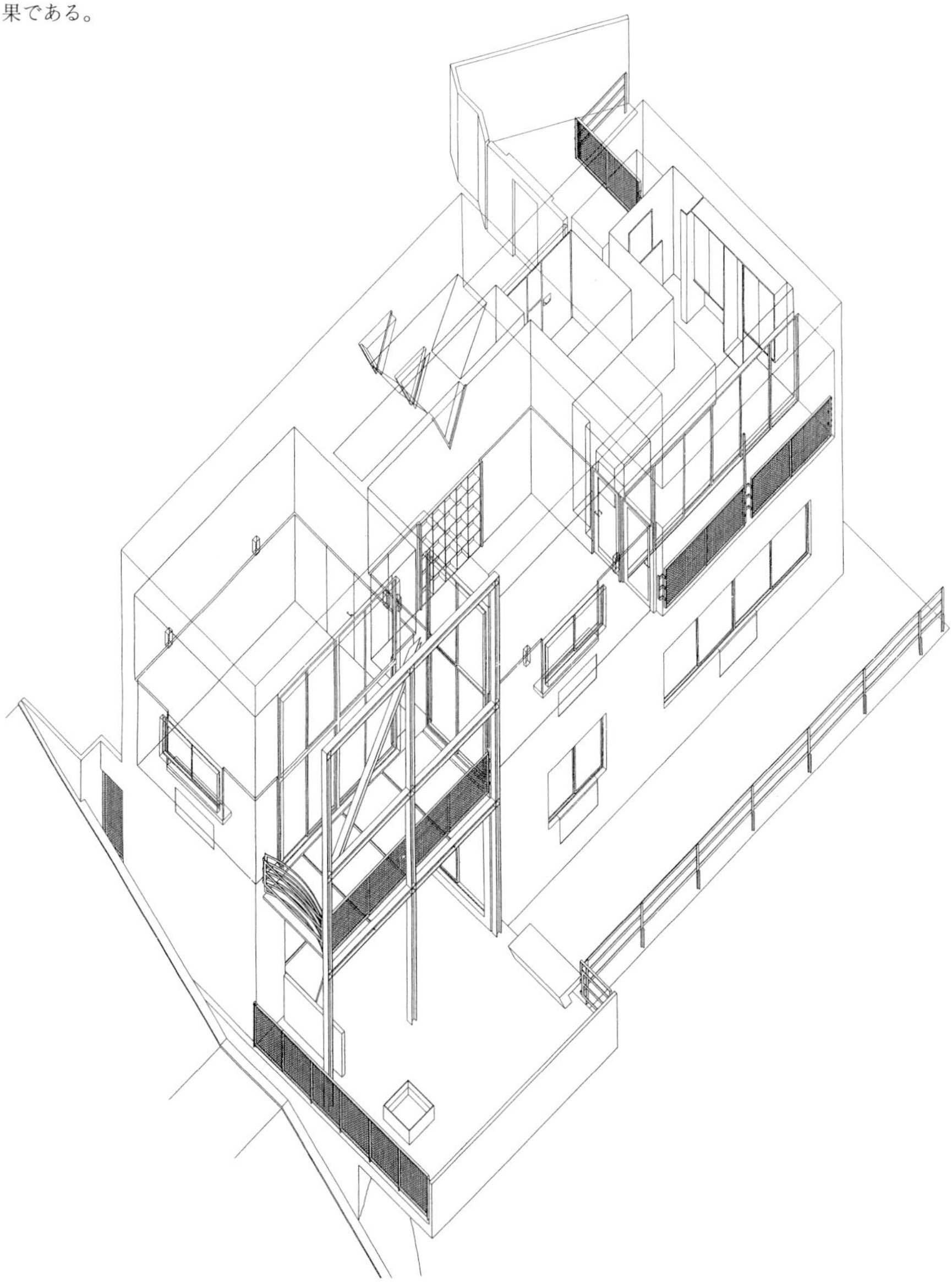

図❺

写真❸

写真❹

写真❸　午後の西側外観
外壁は午後の木影によって刻々とファサードを変えていく。
写真❹　夜の西側外観
斜面の上から家は小さく，水平性の強い建築に見える。

写真❺　厨房
鉤の手状に曲がり，バルコニーに面した厨房。引戸に付いた棚，ガラス戸棚が多いのもユニークである。
写真❻　玄関からすぐ屋上へ
奥に応接室，廊下は吹抜けで天窓があり，天井はスカイブルーのストライプ入り吸音材，床は黒いコルクタイル。

写真❺

写真❻

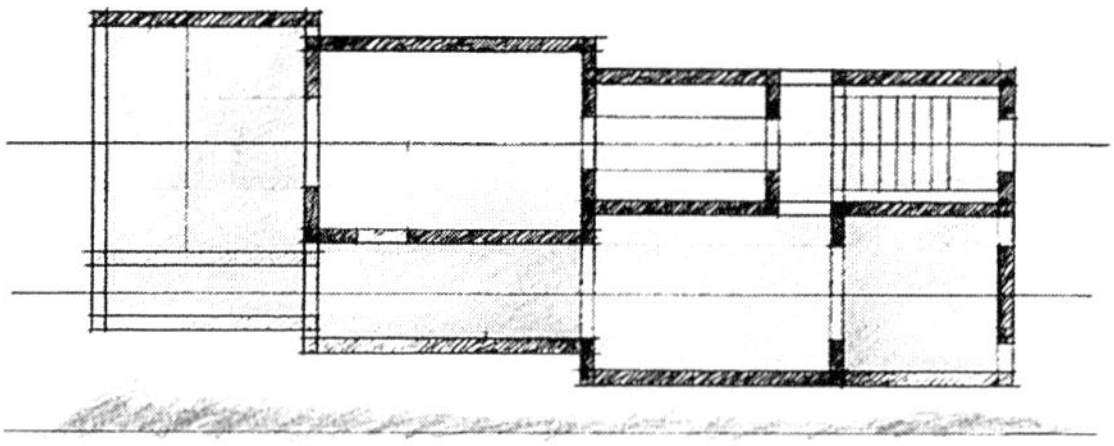

解題 08

KOH8608

神奈川県

　この住宅は鶴見の山手高台にあって、前面道路寄りに父親の住む古い家が建っている。この既存木造住宅を完全に残して、その増築のようなかたちをとりながら、できるだけ独立した住宅を設計しようというのが、設計のスタートであった。二つの住宅は縁側風な回廊でつながれて一体となっているが、それぞれが完結した家と家との関係をもって向き合って、手をつないで建っているという関係をつくりたかったのである。

　アプローチから家は、まず、やや複雑な壁の重なりとして見える。そこで最も際立って見えるのは、南北に水平に伸びる一枚の飛壁である。この門型の飛壁に、個室を包む二つの箱状の壁体が重なり、それに屋上テラスを囲む壁などが重層する。壁の重層性は、この住宅の空間構造の特徴を表現している。一枚の路地風な庭を区切る壁は門型の架構となって、濡縁風な領域をまたいで、食堂のテーブルを覆う壁になり――この長いテーブルは施主の友人の作品で、以前からこの家の中心に置かれることが決まっていた――そこから厨房や浴室・洗面へと平面状の流れをつくり出す役目を果たしている。この空間軸に並行してもう一本の流れの筋が、住宅の一階では、階段室、書棚のあるギャラリー、居間、そして整体のレッスン室にも使われる和室を貫いている。この軸は二階では、本棚のある階段室、クロゼットの通路、寝室、屋上の大きなテラスを貫いている。

　このように二つの空間の軸の流れが並行し、逆流し、互いに干渉し合い、重なり合うことによって、この住宅は構成されている。

　夏の終わりの完成祝いのミニコンサートに六〇人あまりの友人たちが集まった。その会では、中庭やテラスが実にうまく使われていた。

90〜91頁
写真❶　間の中庭越しに居間を見る
住宅を包む1枚目の飛壁，奥に向かって2枚目，3枚目の壁の重なりが空間の流れをつくる。

図❶　アクソメ
既存家屋の庭を通ってアプローチして，南北の壁の重なりの正面に出ると，そこが間の中庭となり，縁側風玄関に導かれる。

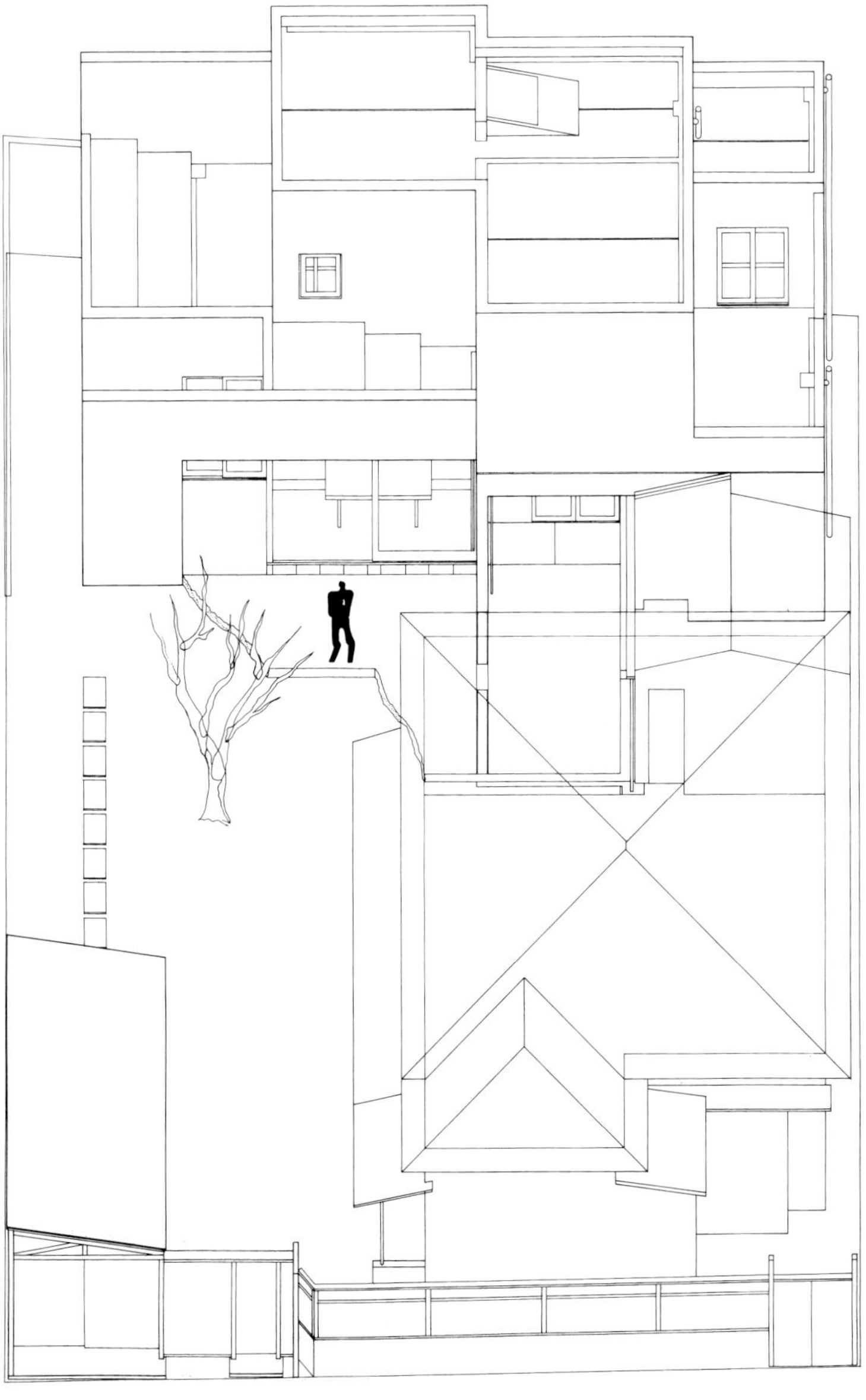

図❶

写真❷

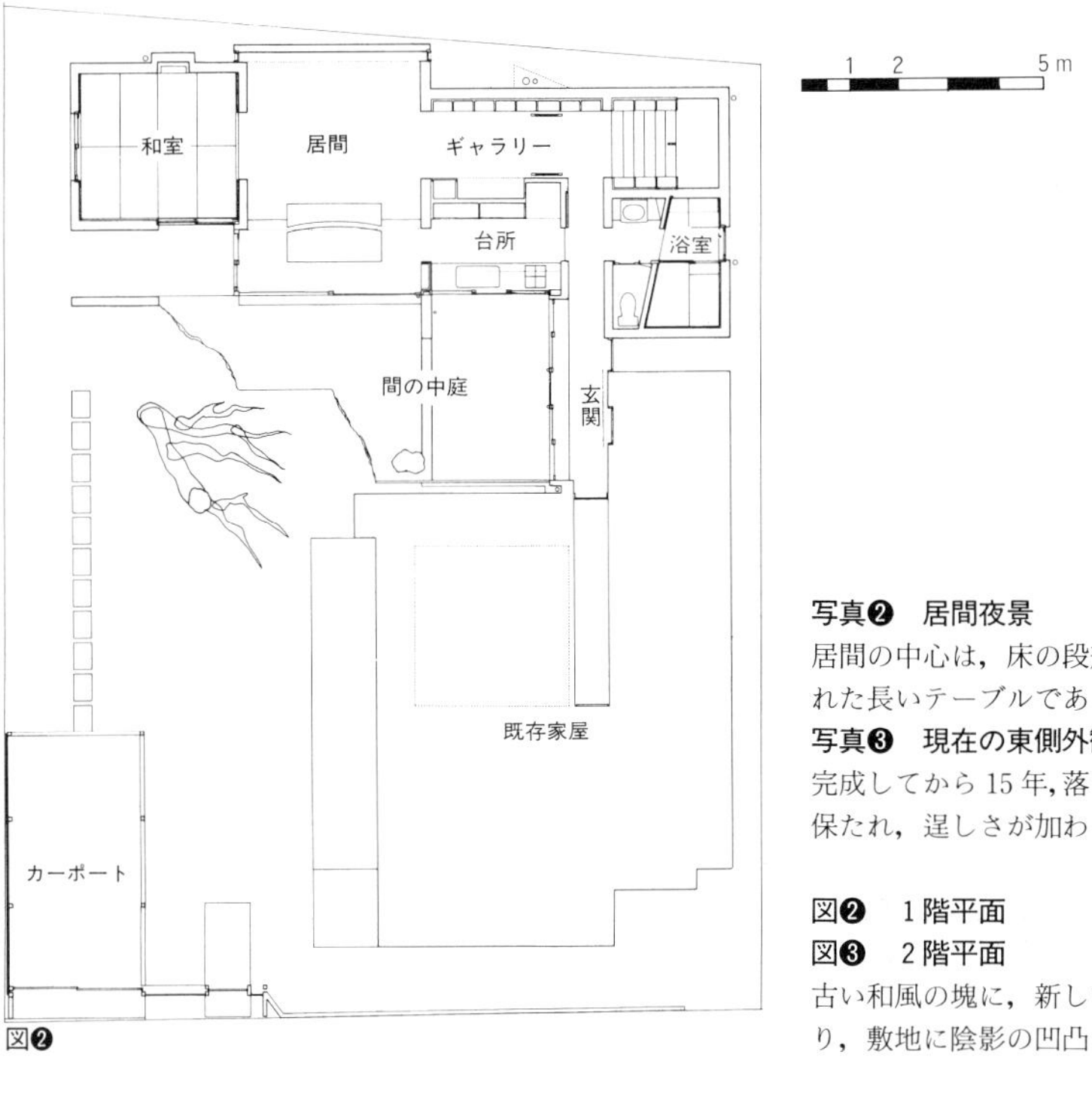

図❷

写真❷　居間夜景
居間の中心は，床の段差を利用して置かれた長いテーブルである。
写真❸　現在の東側外観
完成してから15年,落ち着きはそのまま保たれ，逞しさが加わる。

図❷　1階平面
図❸　2階平面
古い和風の塊に，新しい長手の家が加わり，敷地に陰影の凹凸をもたらす。

写真❸

94 頁

写真❹および写真❺　建築後 15 年目の居間と和室とギャラリー

変わったこと，変わらなかった部分いろいろ。空間は住み手によって形よく整えられる。

95 頁

写真❻　建築後 15 年目の外観

飛壁と緑影が，中庭に新しい眺めをつくる。

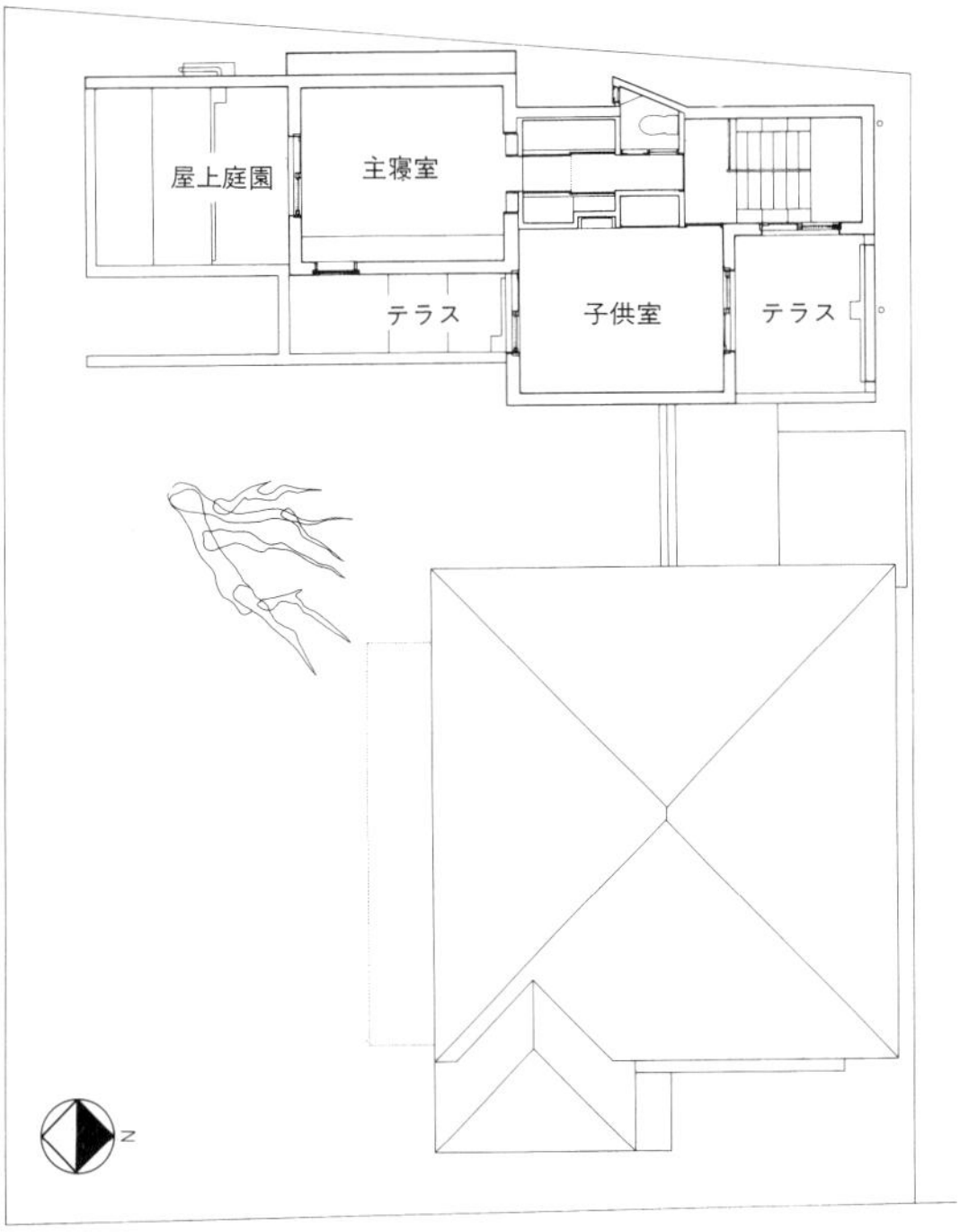

図❸

写真❹

写真❺

写真❻

地表のかたち

住宅にあって、地下の利用は難しいが、半地下ならば大いに活用できる。半地下の利点は、地下と地上を同時に観る住み手の視点にある。つまり、地表という大地の線を目線に合わせて、そこを住空間の基準レベルにすることができる。それは斜面地や段状敷地の場合はなおさらで、土地の力を利用した住宅の断面を豊かに呼び覚ましてくれる。人工地盤と大げさに言わないまでも、それは段状の新たな地表を創り出すことだと考えている。

住宅GAHの場合

この住宅は、東京の馬事公苑の近く静かな通りに面している。主人はグラフィック・デザイナーであり、気が向けば家にこもって創作をするといった仕事好きである。そのためアトリエは玄関から近く、かつ中庭に突き出た仕事のしやすい場所に置かれる。敷地の段差を利用して、地下・半地下に家を埋める案をとった。また、その同じ方法で半階ずれの段状の屋根を架ける。だからこの住宅の解説はもっぱら半地下と低

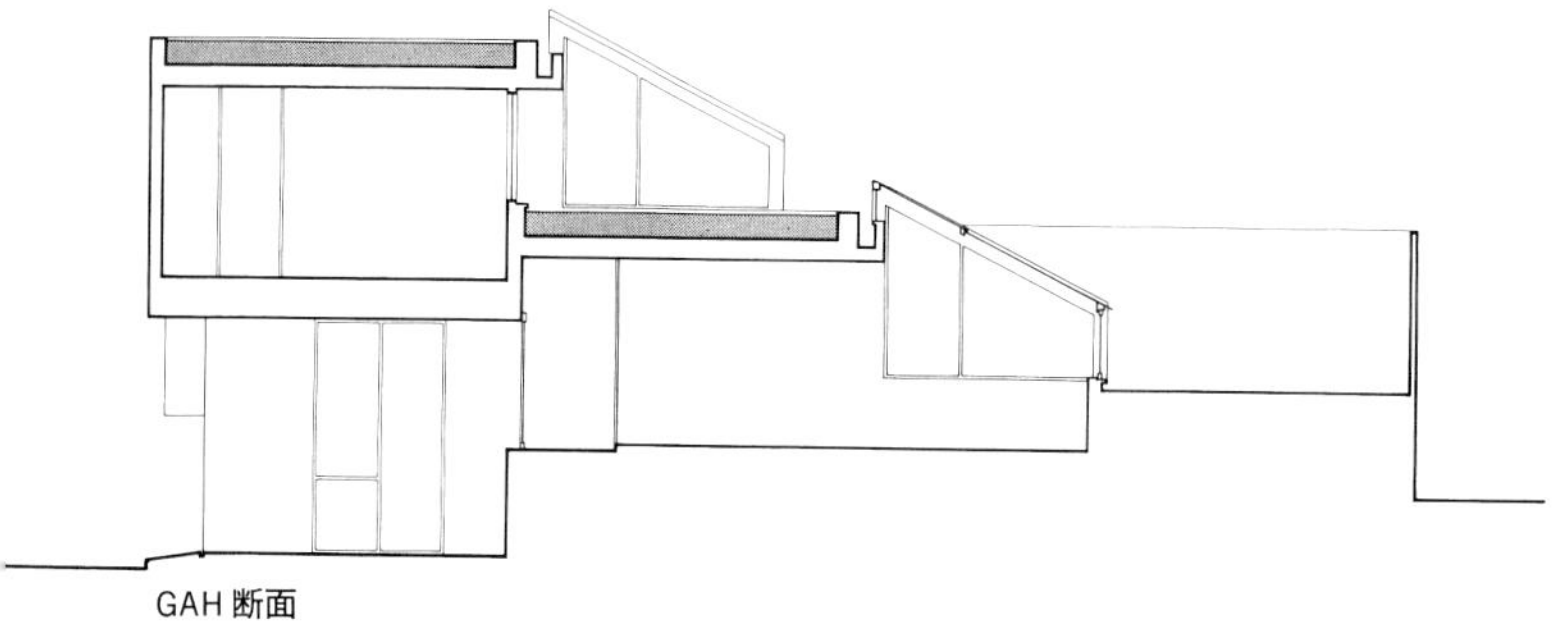

GAH 断面

EPISODE

い屋根、つまり地表のデザインに絞られるのである。居間から見る中庭は腰の高さにあり、中庭から見返す屋上庭園は肩の高さにある。

ここでは大小二つの水泡単位が、段状の屋上庭園に架け渡されている。

住宅FUHの場合

この住宅は多摩丘陵に建つ。段状の屋根は、斜面地になじむように配置され、いずれも屋上庭園として使われている。さらに、夫婦そろっての草花への思い入れは、園芸の域を通り越して、植物園のような空間を想像させる。半地階の居間食堂も、二階の個室並びも、すべて地面と草花に接していてほしい。この段状の屋上テラスに大きな水泡空間が天空を向いて架けられる。だから結果的に、これは居間全体を覆うグリーンハウスのような水泡単位である。そしてさらに、家と庭が一体となって新しい地表を広げていく。

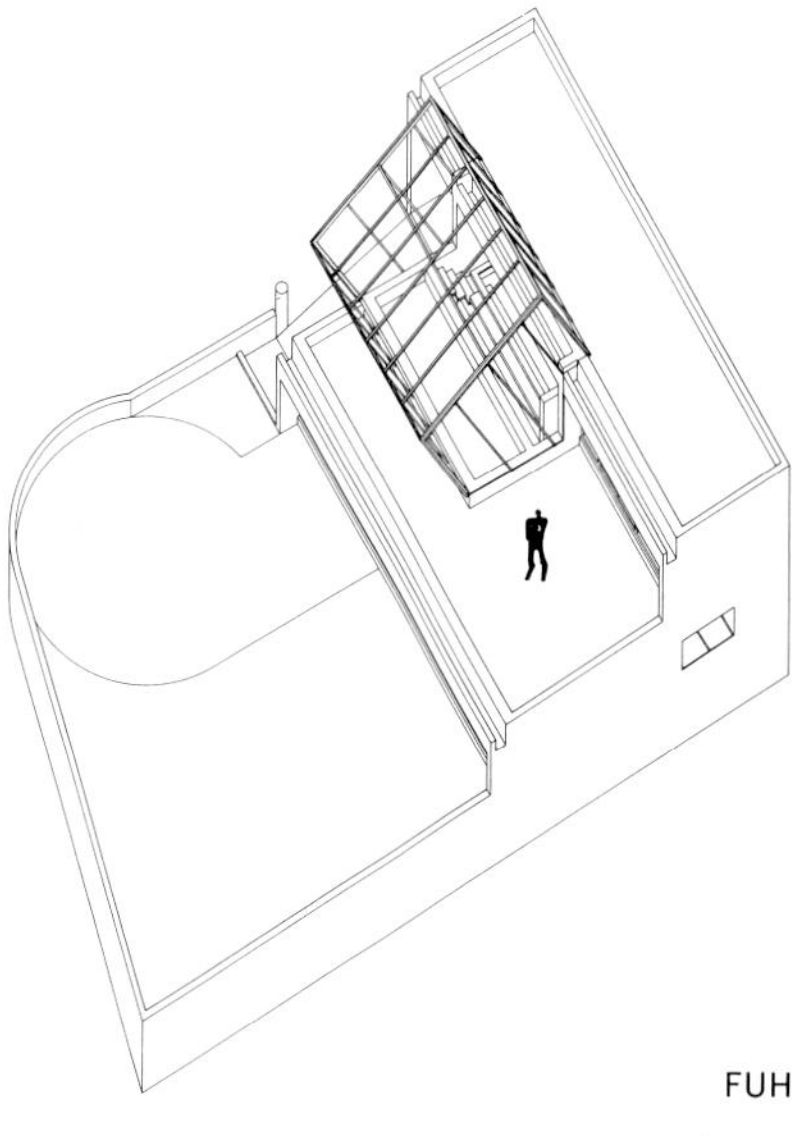

FUH

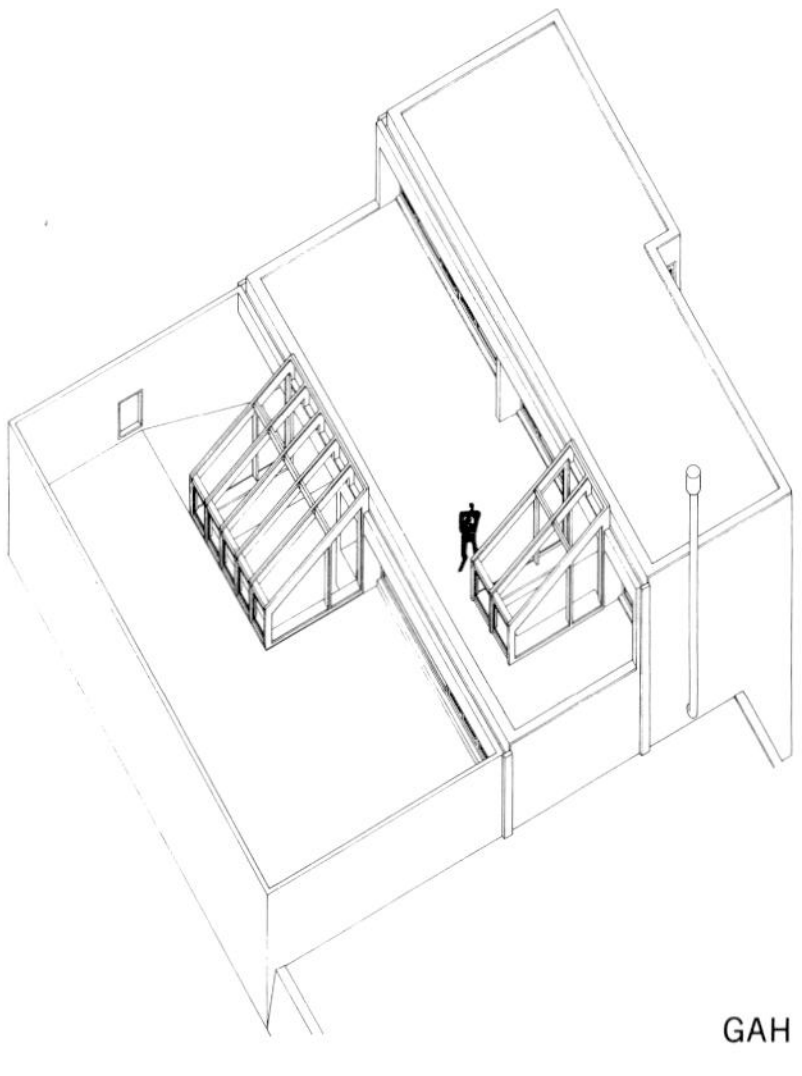

GAH

● 解題 09 ●

GOH7611

東京都

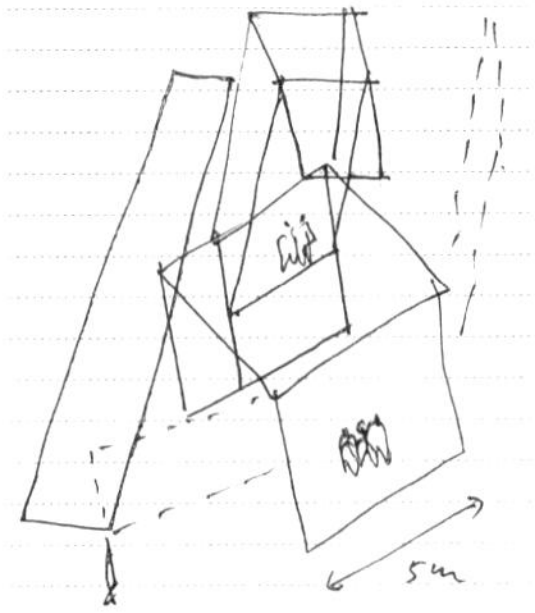

この住居の施主は、私のアトリエでは珍しく初めに地中海的で純白の家を参考例として持参したのであった。そして計画当初はこの住居も真っ白な全体であった。しかし、施工中頃の段階で内部はそのまま白で統一され、外部から白は取り除かれてコンクリートの素裸になった。

開放度の濃い部屋が要求されたのは、親子二人住まいということと、海外の生活体験からである。一階東の母の和室のみは、ベンチと開閉壁で仕切っているが、一階二階ともにワンルーム的な扱いを徹底している。例えば、二階個室において便器と洗面が部屋に向かってオープンに置かれているように。

このような開いた空間をつくるために、配置の振れ角度や段床、飛壁やパーゴラなどのアイデアを活用して、フレキシビリティと中間領域に関わる空間を組み立てようとした。軸線の振れも、このあたりの効果を高めるためである。

写真❶

図❶　見上げアクソメ
配置の小さな振れがもたらす効果，そして，中間領域が住宅を四方から囲んでいるのがわかる。

写真❶　正面入口（1999 年）
建ってから二十数年，内部の変化に比して外観の変化は少ない。玄関キャノピーの上に 2 階増築部が見える。

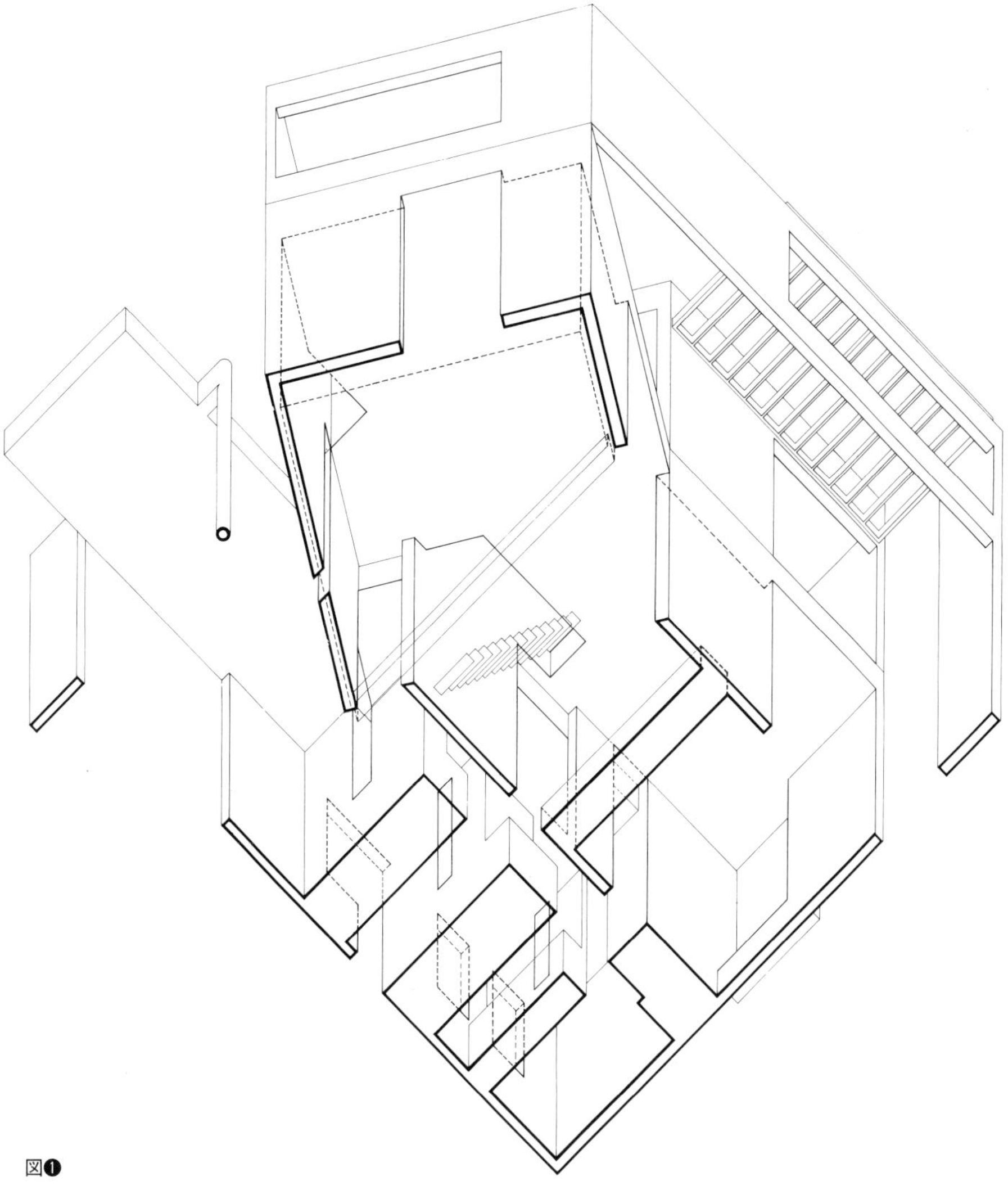

図❶

写真❷

写真❸

写真❷および❸　東側外観
図❷　2階平面
図❸　1階平面
この住宅が完成してから二十余年が過ぎて，母親が逝き，結婚し，子供も大きくなった。1988年に2階屋上の西側に，設計段階から予定していた個室が増築された。

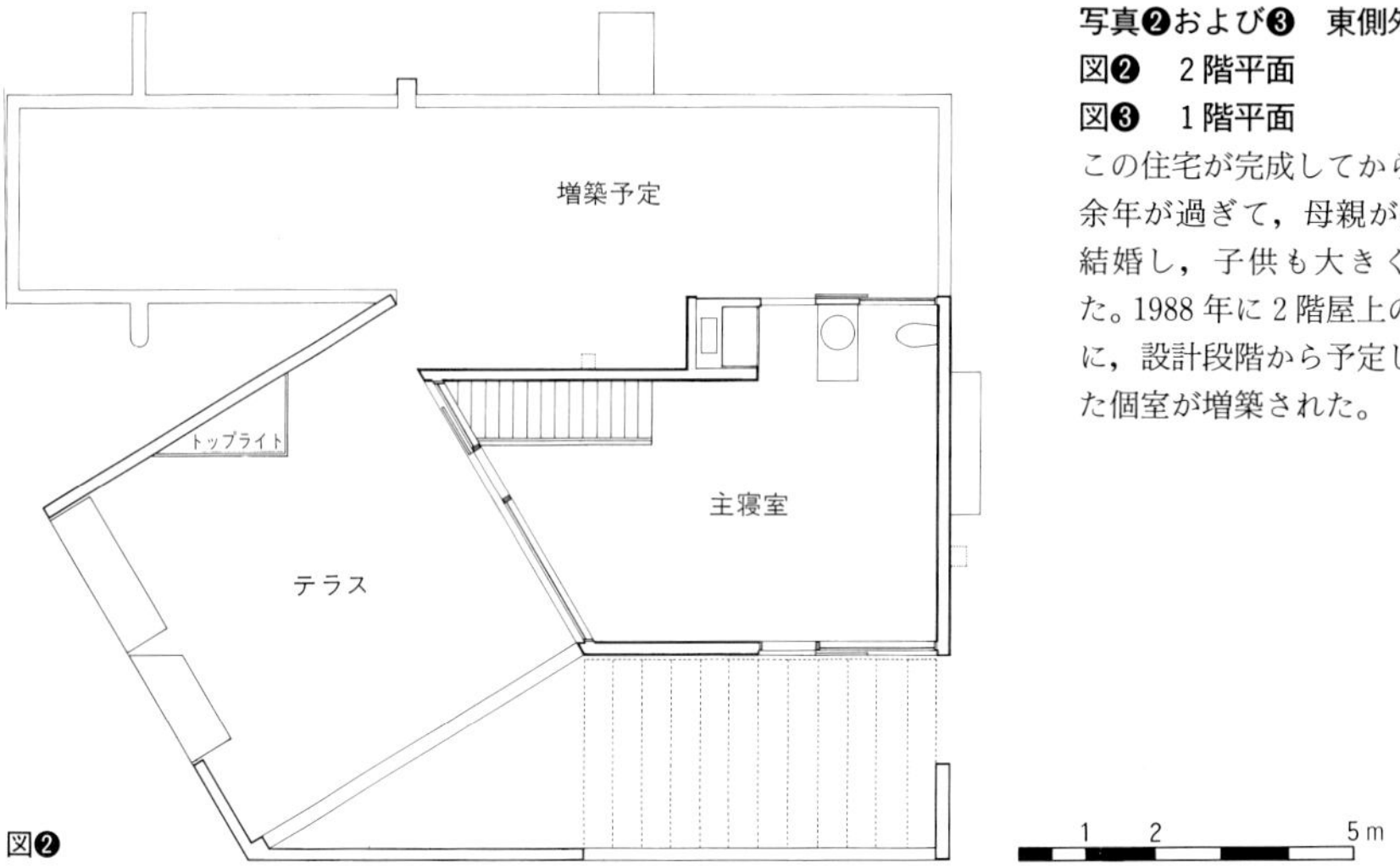

図❷

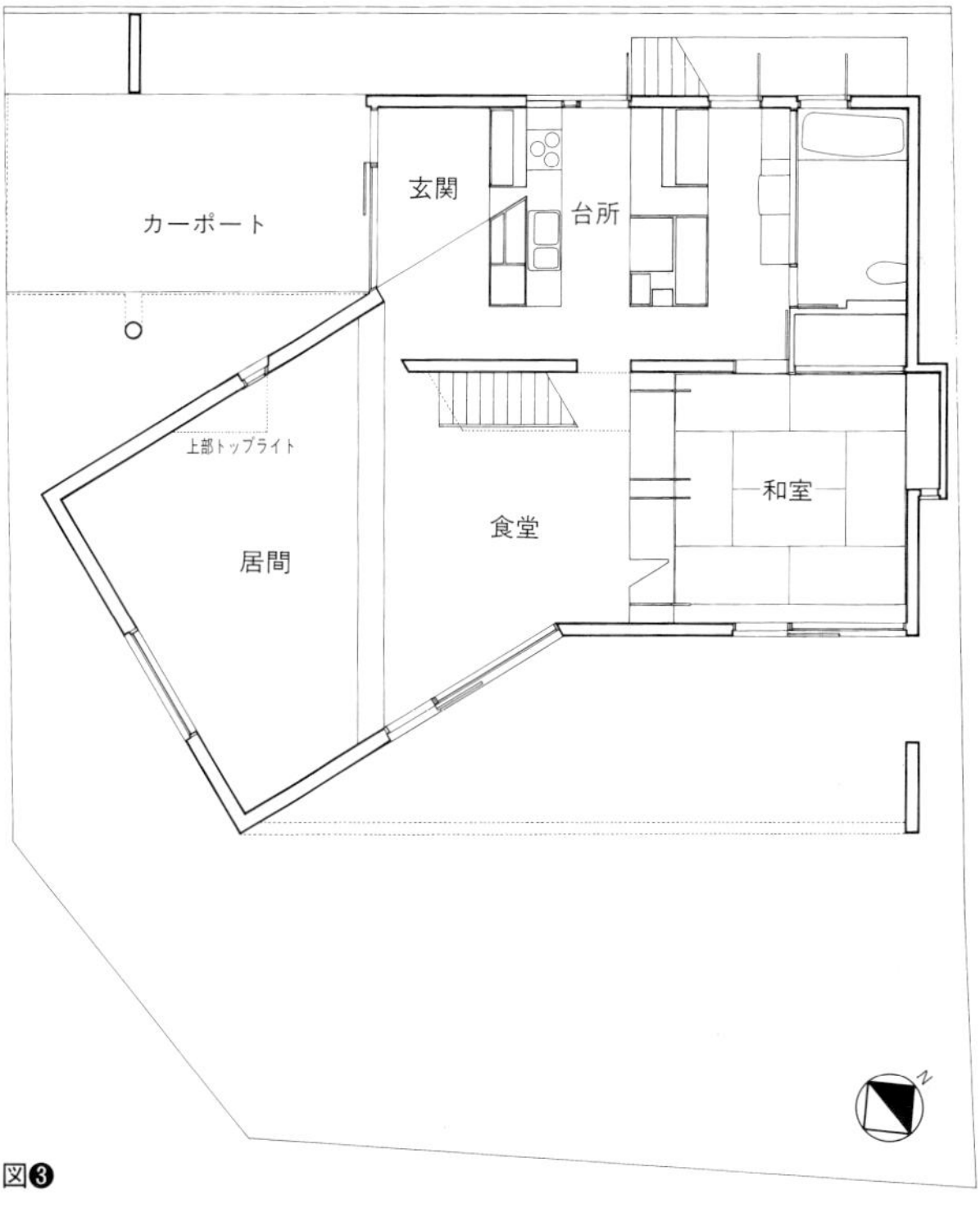

図❸

写真❹　2 階寝室から
屋上には飛壁，パーゴラ，テラス，ベンチ，天窓など，この住まいを支えるモノたちが顔をそろえる。

GOH7611

写真❺

写真❻

写真❼

写真❺　1階居間のコーナー
写真❻　母の和室から
日中は回転扉を開けて食堂と居間を一体として使う。

写真❼および❽　現在の外観
20年で最も変わったのは，樹木がもう一重家を包んだこと。コンクリートが美しく年老いたこと。

写真❽

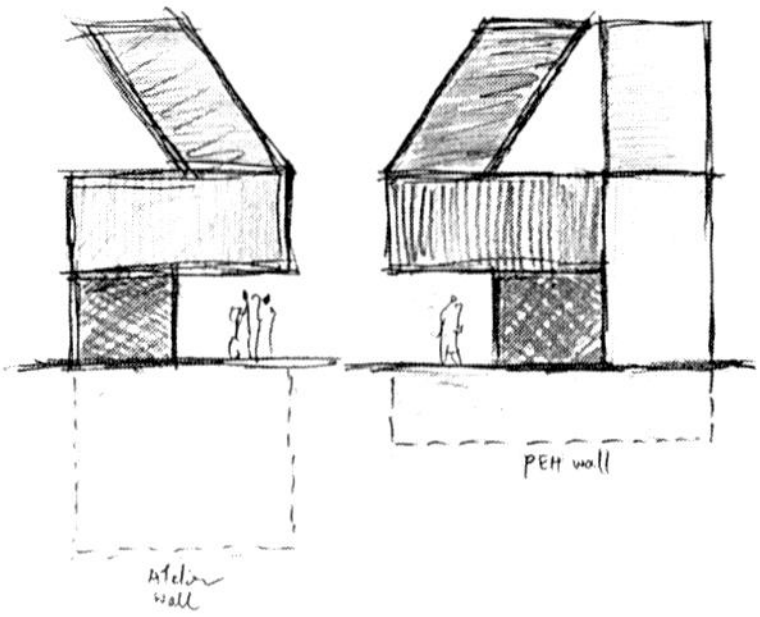

● 解題 10 ●

PEH8501

東京都

この住宅は、この住宅が竣工する数年前に建てられたアトリエ（一一四頁〈ATL〉）の隣に建つ住宅である。施主の要請によって、アトリエと同質の外観が選ばれることになったが、ここではそれを都市住宅におけるデザインの連続性のテーマとして展開した。

　住宅と住宅との連続性を生む方法を次の四つのレベルで考えてみる。

●立面に表れた壁面の大きさや、軒高、階高に表れた高さのモジュールを合わせる。
●アトリエで実験的に開発した都市小住宅用の小枝構造を使う。それは小断面の柱と壁構造の中間をいく構造体の考え方である。
●かざした壁、二重、三重壁の利用。特に二階高さを包む独立壁の水平な扱いや壁間スリット窓の利用。
●徹底したコンクリート表現を共有すること。

などがそれである。アプローチは路地沿いに建つ独立壁の裏の階段を上り、二階の壁の間を進んで玄関に入る。二階はワンルームであり、食堂と居間と寝室が鉤の手につながるコンパクトな構成である。そこから壁の間の階段室を、吹抜けのある三階の広間へ上がる。そこは小枝構造方式によって、壁と柱がバランスよく配置された多目的な部屋、ギャラリー風の接客の広間である。一階は書庫と事務所兼書斎で、壁の狭間に独立した玄関がある。

　デザインの連続性による成果の一つは、小建築間の凹凸や階段やバルコニー等の建築要素が、連続的な路地の風景に織り込まれたことである。この住宅によって、アトリエ一つではなしえなかった路地的な空間をつくることができた。

107

PEH8501

図❶　3階平面
図❷　2階平面
図❸　1階平面
平面はATLとPEHの2つの家の関係を示している。全く関係のない家と家ではあるが，隣接することで第三の空間をつくることが可能だ。ここでは，形の連続性が生み出すものをテーマにしている。
写真❶　東側外観

108〜109頁
写真❷　2階食堂から居間を見る

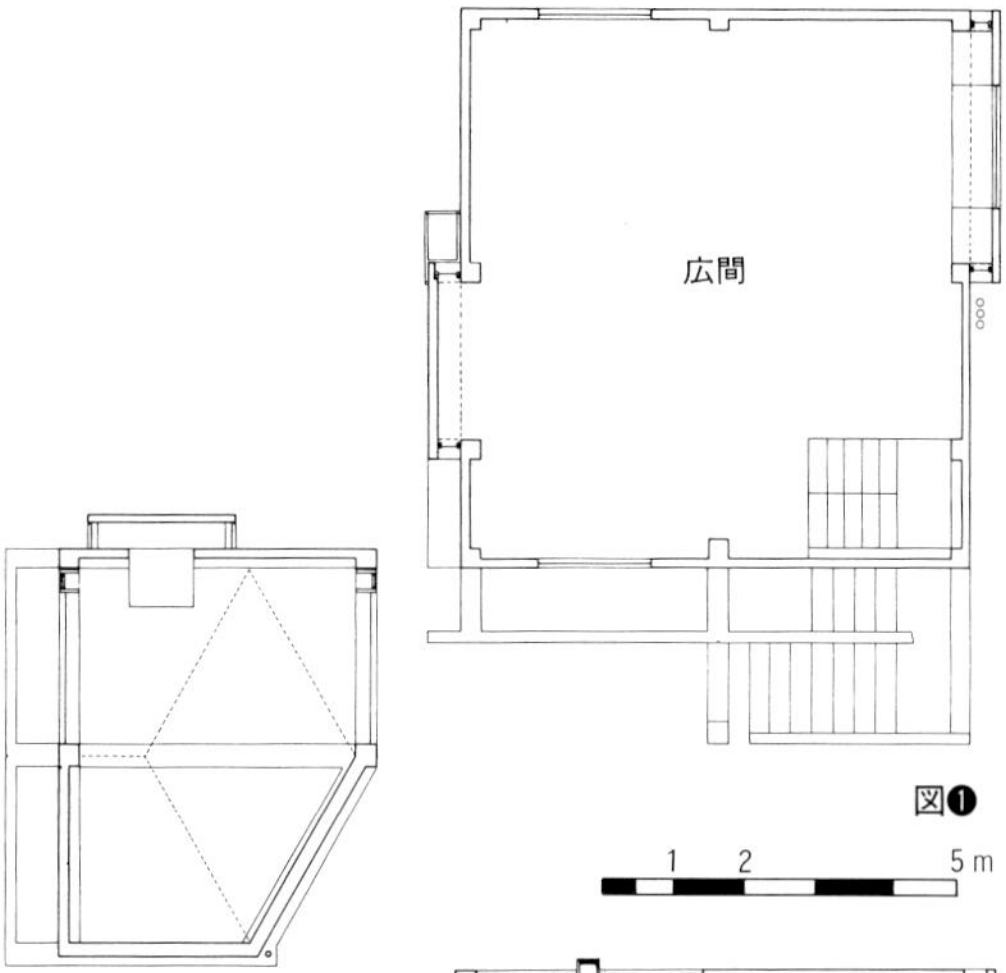

図❶

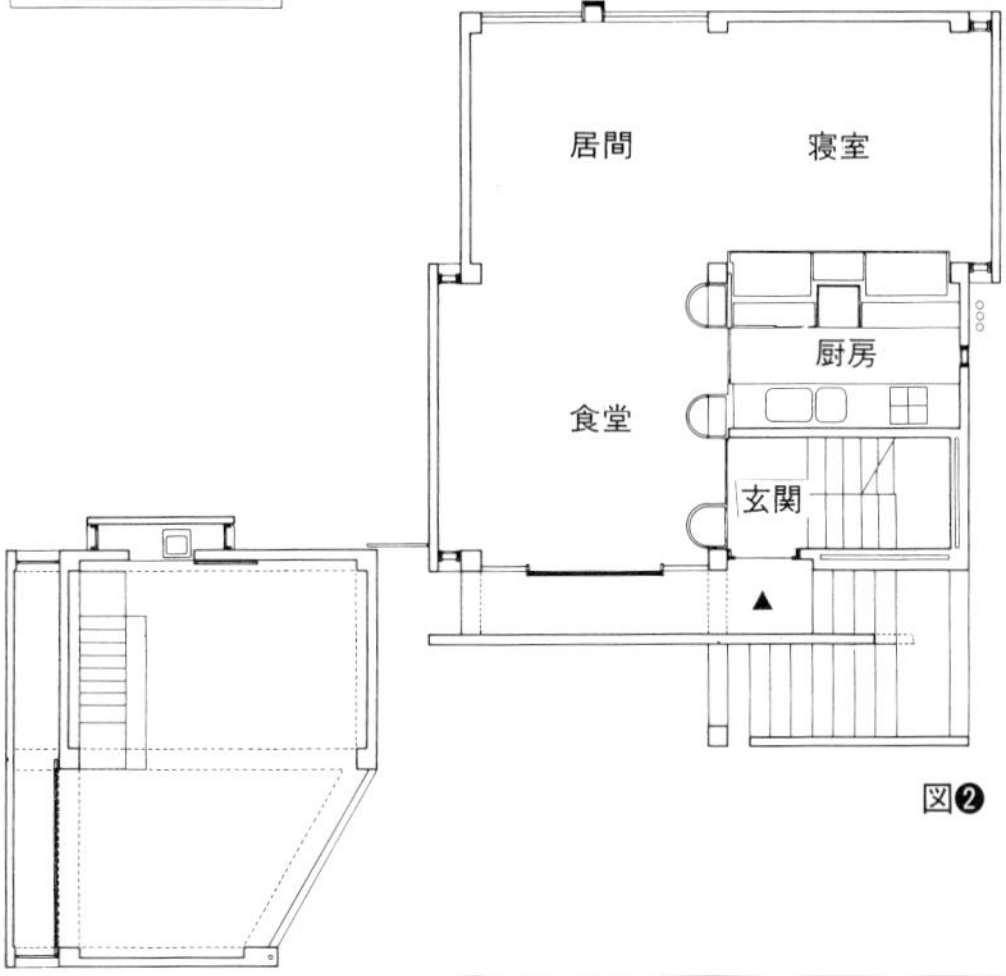

図❷

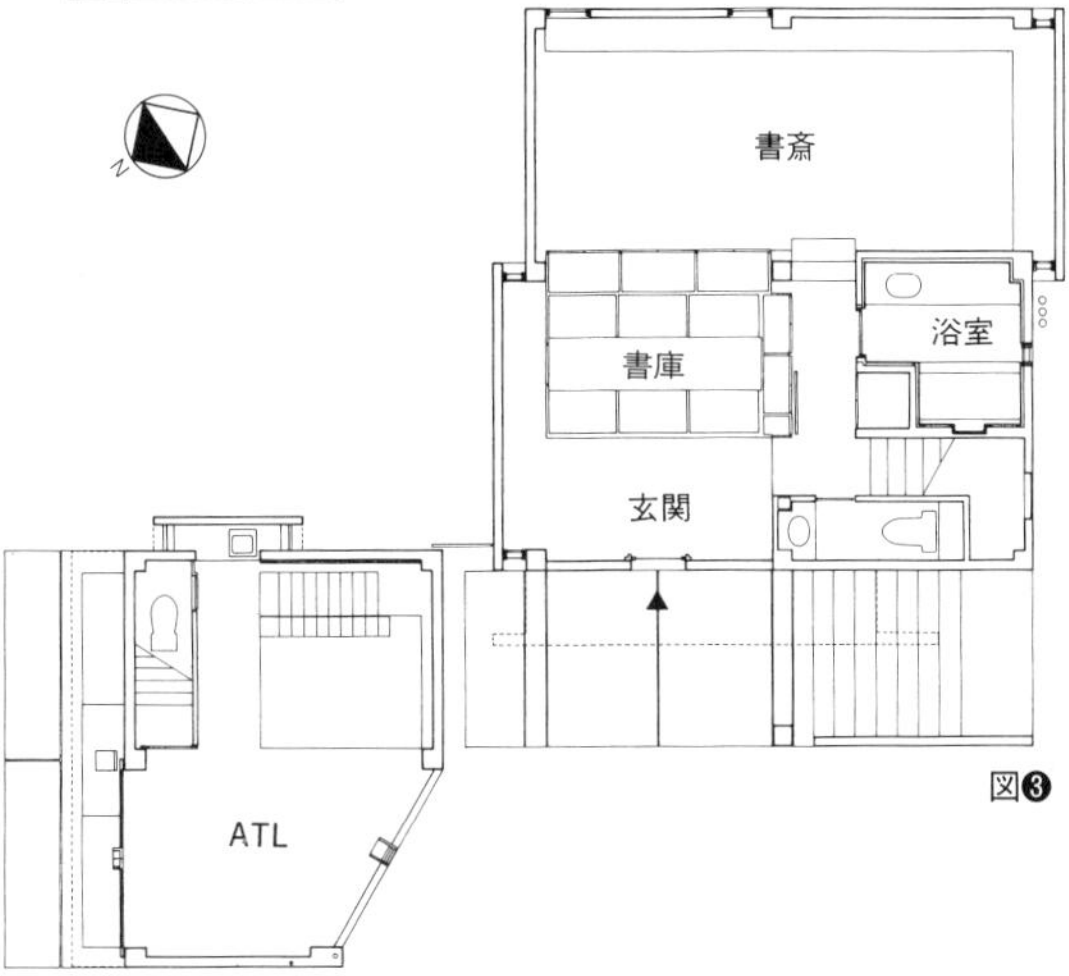

図❸

写真❶

写真❸

写真❹

写真❸　3階の広間
3階にある広間は，直通階段で下足のまま外から上がって来る。コンクリートの裸の空間を思い切って好みの品で飾る。

写真❹　2階食堂
2階のリビングと食卓の長いテーブル。外の壁に射す光がリフレクトする。木製の円柱は，食器棚や収納の柱。

図❹　アクソメ
隣接するＡＬＴも含めた図。

112～113頁
写真❺　広間の吹抜け
都市住宅のいくつかで実験してきた小枝構造を使う。300mm角という最小断面の柱と梁，150mm厚の構造壁，互いの長所を生かしてより自由な空間をつくろうとした構造方式である。

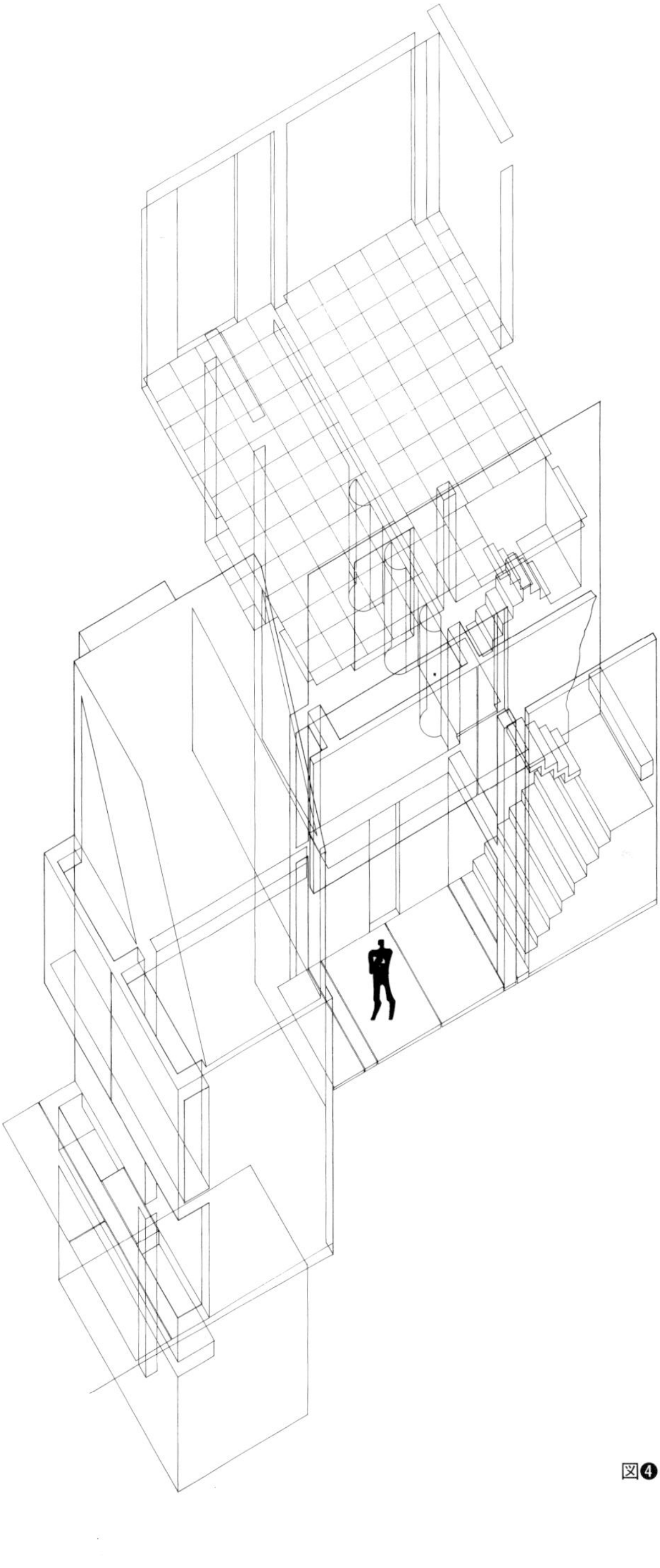

図❹

分居の過程

EPISODE

極端に言えば、機能的な面で住宅は解体しつつある。都市にあることによって住宅は、かつて家がもっていた機能を都市に放出してきた。同時に、放出された機能は都市にちりばめられて、半ば自律し、半ば別の物となって、家の存在に関わってくる。情報革命が輪をかけて、その間隔を広げていく。

それは分居の過程である。そこには住宅はかくあるべしという形式はないが、住宅は住宅以外のものとの組合せによって住宅たり得ているという関係が浮上する。だから、都市において、今後、家としての全部の機能を満たしている住宅の比率は少なくなるであろう。それに比して、家がいくつかに分離して、離れてある在り方が増えるであろう。都市住宅は、そうした地平から見直す必要がある。

分居ATLの場合

この住宅はアトリエと呼ばれる。この建築の原理は簡単である。

地階と一階はアトリエ、二階はピアノ室兼書斎である。つまり住居そのものではなく、家のもつ創造的部分だけをまとめた家の延長の役割をもっている。

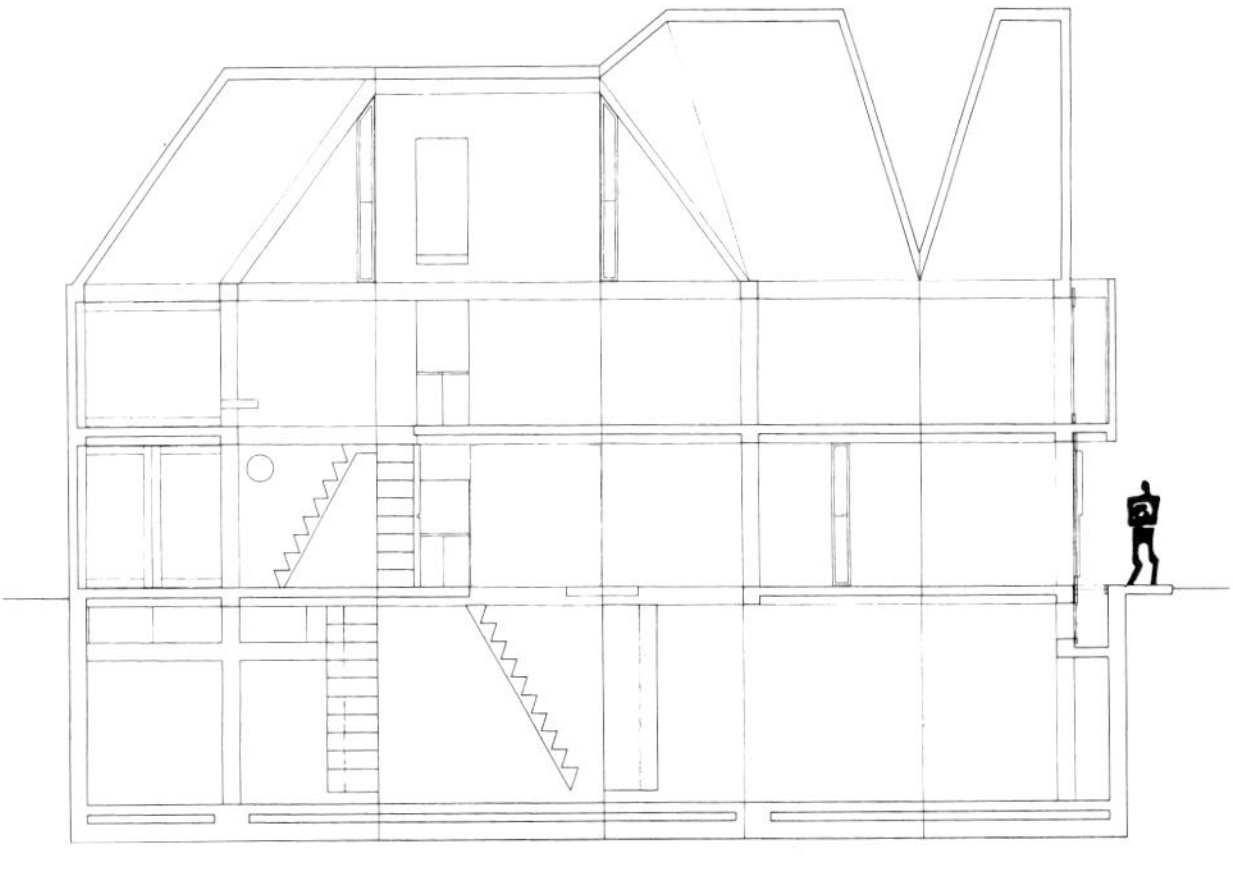

資料

年表・住宅データ

年	主な作品	経歴・その他
一九三五年		北海道に生まれる
一九五九年		早稲田大学理工学部建築学科卒業
一九六〇年		コンゴ・レオポルドビル文化センター国際競技設計入賞（共同）、早稲田大学中米調査隊（マヤ・アステカ遺跡調査）に参加
一九六二年		早稲田大学大学院修士課程修了
一九六四年	住宅ＣＨＨ６４１０	鈴木恂建築研究所設立
一九六五年	住宅ＪＯＨ６５０４、住宅ＴＵＨ６５１２	
一九六六年	住宅ＮＡＨ６６０１、住宅ＫＡＨ６６０６	
一九六七年		「特集・鈴木恂」（『建築』青銅社）
一九六八年	住宅ＦＵＨ６８０３、住宅ＧＡＨ６８１２	
一九六九年	住宅ＹＡＨ６９１２、ＣＨＬＡ（千葉県子供の国施設）	
一九七〇年	住宅ＫＩＨ７００４、住宅ＱＯＨ７００５、住宅ＭＯＨ７００７、住宅ＩＭＨ７０１１	『太陽がいっぱいの家』（実業之日本社）
一九七一年	住宅ＯＧＨ７１０６、ＭＯＦ（望月印刷）	Ｃ・Ｒ・ヴィリャヌエバ国際賞最優秀賞、「THIS IS MAKOTO SUZUKI」（『都市住宅』鹿島出版会）
一九七二年	集合別荘ＥＭＭＶ７２０５、ＦＵＢ（ＧＡビル）	タンザニア・ＴＡＮＵ本部国際設計競技佳作、『ラテンアメリカの住宅』（共著、ＡＤＡエディタ）
一九七三年	住宅ＭＡＨ７３０７、住宅ＳＩＨ７３１１	『現代日本建築家全集24』（三一書房）、『エーゲ海の村と街』（共著、ＡＤＡエディタ）
一九七四年	別荘ＵＮＶ７４０２	
一九七五年	住宅ＥＮＨ７５１０	『地中海の村と街』『モロッコの村と街』（共著、ＡＤＡエディタ）
一九七六年	住宅ＧＥＨ７６０４、住宅ＧＯＨ７６１１、ＵＮＭ（雲洞庵仏舎利堂）	
一九七七年	住宅ＨＡＨ７７１０	「鈴木恂の住宅」（『都市住宅』鹿島出版会）
一九七八年	ＲＹＭ（龍谷寺妙光堂）	名護市庁舎設計競技佳作、『木の民家・ヨーロ

一九七九年	住宅DEH7907、集合住宅MOHO7912	ッパ』（共著、ADAエディタ）
一九八〇年	EBS（スタジオ・エビス）	早稲田大学教授
一九八一年	分居ATL8110、GAG（GAギャラリー）	
一九八二年		『メキシコ・スケッチ』（丸善）
一九八四年	住宅FUH8410、PEB（パーソンズ・ビル）	「住居の構想」（『都市住宅』鹿島出版会）、『世界建築設計図集25』（同朋舎）、早稲田大学古代エジプト調査隊（ルクソール・マルカタ遺跡調査）に参加
一九八五年	住宅PEH8501	AMSアーキテクツ顧問
一九八六年	住宅KOH8608、別荘KAV8609、MAB（マニン・ビル）、NAM（内藤多仲博士記念館改築）	
一九八七年	住宅UEH8707、KIB（東京都金属プレス工業健保会館）	『空間の構想力』（建築資料研究社）
一九八九年		『光の街路』（丸善）
一九九〇年	別荘PEV9003、MICA（三春中郷学校）	
一九九一年	OMI（大宮市総合教育センター）	
一九九二年	住宅IIH9206、WACAI（早稲田大学理工学総合研究センター）	東北建築賞受賞
一九九三年		
一九九五年	WACAII（早稲田大学理工学部学生ラウンジ）	公共建築賞受賞 日本建築学会作品選奨受賞
一九九六年	OKI（岡山県教育研修機関計画）	
一九九七年	TOCO（都幾川村文化体育センター）、KUCA（東京家政大学校友会館）	
一九九九年	住宅URH9909、WACAIII（早稲田大学ハイテクリサーチ・センター）	

YAH6912

所在地　兵庫県姫路市
主要用途　専用住宅
家族構成　夫婦，子供２人
設計期間　1969年６月～1969年12月
施工期間　1970年３月～1970年11月
設計担当　鈴木恂，佐々木喬，阿部泰資
面積と規模
　敷地面積　1,071 m^2
　建築面積　247 m^2
　延床面積　238 m^2
　規　　模　地上１階一部中二階
　軒　　高　3.6 m
　最高の高さ　4.2 m
敷地
　地域地区　第２種住居専用地域
　道路幅員　北５m，西６m，南６m
主な仕上げ
　屋根　アスファルト防水のうえモルタル押え
　外壁　コンクリート打放し
　建具　木製，一部アルミサッシュ
構造　RC造
施工　日本建物
掲載誌　都市住宅7103，新建築7006，建築文化8109，住宅建築8407，現代日本建築家全集24（同朋舎）

JOH6504

所在地　東京都世田谷区
主要用途　専用住宅
家族構成　夫婦，子供３人
設計期間　1964年８月～1965年４月
施工期間　1966年１月～1966年４月
設計担当　鈴木恂，千賀可一，勝沼正明
面積と規模
　敷地面積　501 m^2
　建築面積　126 m^2
　延床面積　201 m^2
　規　　模　地上２階
　軒　　高　5.5 m
　最高の高さ　5.6 m
敷地
　地域地区　第２種住居専用地域
　道路幅員　北４m
主な仕上げ
　屋根　エポキシ樹脂防水のうえモルタル押え
　外壁　コンクリート打放しのうえ浸透性防水剤塗り
　建具　木製
構造　RC造
施工　富士工
掲載誌　建築6706，都市住宅6805，新建築6804，建築文化6912，現代日本建築家全集24（同朋舎）

SIH7311

所在地　東京都世田谷区
主要用途　専用住宅
家族構成　夫婦，子供1人
設計期間　1973年4月～1973年11月
施工期間　1973年12月～1974年6月
設計担当　鈴木恂，嶋田勝志，宮城睦
面積と規模
　敷地面積　375 m²
　建築面積　104 m²
　延床面積　159 m²
　規　模　地上2階
　軒　高　5.2 m
　最高の高さ　6.3 m
敷地
　地域地区　第2種住居専用地域，第2種高度地区
　道路幅員　東4 m
主な仕上げ
　屋根　ウレタン樹脂防水のうえモルタル押え
　外壁　コンクリート打放し
　建具　木製LC塗り
構造　RC造
施工　陽和建設
掲載誌　都市住宅7603，建築文化7412，ja8004，住宅建築8108

MOH7007

所在地　東京都大田区
主要用途　専用住宅
家族構成　夫婦，子供2人
設計期間　1970年1月～1970年7月
施工期間　1971年3月～1971年12月
設計担当　鈴木恂，佐々木喬，伊藤宏司
面積と規模
　敷地面積　165 m²
　建築面積　60 m²
　延床面積　150 m²
　規　模　地上2階
　軒　高　4.6m
　最高の高さ　4.8 m
敷地
　地域地区　第1種住居専用地域
　道路幅員　東6 m，北4 m
主な仕上げ
　屋根　AR防水SP工法のうえ保護モルタル押え
　外壁　コンクリート打放しのうえエマルジョン系透明防水ペイント吹付け
　建具　木製
構造　RC造
施工　大栄総業
掲載誌　都市住宅7103，建築文化7309，ja8004，住宅建築8109

GEH7604

所在地　北海道江別市
主要用途　専用住宅
家族構成　夫婦，子供2人
設計期間　1975年7月～1976年4月
施工期間　1976年5月～1976年10月
設計担当　鈴木恂，佐々木喬，海口平太郎
面積と規模
　敷地面積　306 m^2
　建築面積　152 m^2
　延床面積　152 m^2
　規　　模　地上1階
　軒　　高　3.1 m
　最高の高さ　5.4 m
敷地
　地域地区　第2種住居専用地域
　道路幅員　東5 m
主な仕上げ
　屋根　ラワン合板張りロンプルーフ葺き
　外壁　エゾ松板ドイツ下見張りアマニ油塗り
　建具　木製（エゾ松）建具ペアガラス入り
構造　木造
施工　古川建設
掲載誌　都市住宅7710，新建築7704，ja7708，建築知識7801，住宅建築8107

HAH7710

所在地　千葉県習志野市
主要用途　専用住宅
家族構成　夫婦，子供2人
設計期間　1977年5月～1977年10月
施工期間　1978年5月～1979年2月
設計担当　鈴木恂，海口平太郎
面積と規模
　敷地面積　280 m^2
　建築面積　106 m^2
　延床面積　214 m^2
　規　　模　地上2階
　軒　　高　5.6 m
　最高の高さ　8.8 m
敷地
　地域地区　第2種住居専用地域，第2種高度地区
　道路幅員　西4.5m
主な仕上げ
　屋根　ウレタン樹脂防水のうえモルタル押え
　外壁　コンクリート打放し，一部ガラス・ブロック
　建具　木製
構造　RC造
施工　大栄総業
掲載誌　都市住宅7710，住宅建築臨時増刊7908，建築知識7908，新建築7912，ja8004，住宅建築8110，GA house 8307

KOH8608

所在地　神奈川県横浜市
主要用途　専用住宅
家族構成　夫婦，子供1人，老人1人
設計期間　1986年1月〜1986年8月
施工期間　1986年9月〜1987年7月
設計担当　鈴木恂，五味睦雄，岸上勝彦
面積と規模
　敷地面積　394 m²
　建築面積　72 m²
　延床面積　116 m²
　規　　模　地上2階
　軒　　高　5.9 m
　最高の高さ　6.3 m
敷地
　地域地区　第1種住居専用地域，第1種高度地区
　道路幅員　東4 m
主な仕上げ
　屋根　パラテックス防水のうえモルタル押え
　外壁　コンクリート打放しのうえアクアシール塗布
　建具　木製
構造　RC造
施工　大栄総業
掲載誌　住宅建築別冊8712，住宅特集8802

DEH7907

所在地　東京都町田市
主要用途　専用住宅
家族構成　夫婦，子供3人
設計期間　1979年5月〜1979年7月
施工期間　1979年11月〜1980年7月
設計担当　鈴木恂，板屋リョク
面積と規模
　敷地面積　252 m²
　建築面積　106 m²
　延床面積　197 m²
　規　　模　地上2階
　軒　　高　7.4 m
　最高の高さ　8.0 m
敷地
　地域地区　第1種住居専用地域，第1種高度地区
　道路幅員　西4.5m
主な仕上げ
　屋根　ウレタン樹脂防水のうえ大磯洗出し
　外壁　コンクリート打放しのうえウォーターシール
　建具　木製・スチール製
構造　RC造
施工　南建設
掲載誌　都市住宅8108，新建築臨時増刊8012，住宅建築8110，建築知識8205

PEH8501

所在地　東京都世田谷区
主要用途　専用住宅
家族構成　夫婦
設計期間　1984年5月～1985年1月
施工期間　1985年2月～1985年10月
設計担当　鈴木恂，五味睦雄，板屋リョク
面積と規模
　敷地面積　91 m²
　建築面積　49 m²
　延床面積　144 m²
　規　　模　地上3階
　軒　　高　9.7 m
　最高の高さ　9.9 m
敷地
　地域地区　第2種住居専用地域，第3種高度地区
　道路幅員　西4 m
主な仕上げ
　屋根　塗膜防水のうえ断熱セメントブロック敷込み
　外壁　コンクリート打放しのうえ浸透性防水剤塗布
　建具　スチール製
構造　RC造
施工　バウ建設
掲載誌　建築知識8603，建築文化8607，住宅特集8607，住宅建築別冊8712

GOH7611

所在地　千葉県習志野市
主要用途　専用住宅
家族構成　独居
設計期間　1976年2月～1976年11月
施工期間　1976年12月～1977年9月
設計担当　鈴木恂，東方英雄，海口平太郎
面積と規模
　敷地面積　246 m²
　建築面積　97 m²
　延床面積　137 m²
　規　　模　地上2階地下1階
　軒　　高　6.0 m
　最高の高さ　6.1 m
敷地
　地域地区　第2種住居専用地域，第2種高度地区
　道路幅員　西4 m，南4 m
主な仕上げ
　屋根　ウレタン系弾性塗膜防水のうえ保護モルタル押え
　外壁　コンクリート打放しのうえウレタン塗膜防水VP塗り
　建具　木製VP塗り
構造　RC造
施工　大栄総業
掲載誌　都市住宅7710，新建築7802，ja7806，住宅建築8110

TAH
所在地　東京都杉並区
面積と規模
敷地面積　173 m^2
建築面積　100 m^2
延床面積　133 m^2
規　　模　地上2階
構造　RC造

KAH
所在地　神奈川県横浜市
竣　工　1967年11月
面積と規模
敷地面積　261 m^2
建築面積　83 m^2
延床面積　152 m^2
規　　模　地上2階地下1階
構造　RC造

TUH
所在地　神奈川県鎌倉市
竣　工　1965年10月
面積と規模
敷地面積　224 m^2
建築面積　79 m^2
延床面積　75 m^2
規　　模　地上1階
構造　木造

SAH
所在地　東京都渋谷区
面積と規模
敷地面積　208 m^2
建築面積　65 m^2
延床面積　65 m^2
規　　模　地上1階
構造　RC造一部S造

NAH
所在地　東京都港区
竣　工　1967年1月
面積と規模
敷地面積　213 m^2
建築面積　99 m^2
延床面積　157 m^2
規　　模　地上2階
構造　木造

KIH
所在地　東京都町田市
竣　工　1970年9月
面積と規模
敷地面積　217 m^2
建築面積　75 m^2
延床面積　105 m^2
規　　模　地上2階一部中二階
構造　RC造

GAH
所在地　東京都世田谷区
竣　工　1969年7月
面積と規模
敷地面積　218 m^2
建築面積　118 m^2
延床面積　137 m^2
規　　模　地上2階地下1階
構造　RC造

FUH
所在地　東京都日野市
面積と規模
敷地面積　215 m^2
建築面積　97 m^2
延床面積　111 m^2
規　　模　地上2階
構造　RC造

ATL
所在地　東京都渋谷区
竣　工　1982年4月
面積と規模
敷地面積　35 m^2
建築面積　20 m^2
延床面積　59 m^2
規　　模　地上2階地下1階
構造　RC造

建築家の住宅論　鈴木　恂

発　行　二〇〇〇年二月二二日©
著　者　鈴木　恂
発行者　平田翰那
印　刷　図書印刷
製　本　和田製本
発行所　鹿島出版会　107-8345 東京都港区赤坂六丁目5番13号
電話　〇三（五五六一）二五五〇　振替　〇〇一六〇-二-一八〇八三

落丁・乱丁本はお取替えいたします。

ISBN4-306-04400-9　C3052　Printed in Japan